Research on
high quality development of
Chinese sci-tech periodicals

中文科技期刊
高质量发展研究

赵 俊 著

ZHEJIANG UNIVERSITY PRESS
浙江大学出版社
·杭州·

前／言

　　科技期刊是科学研究成果发表的主要渠道，是交流学术思想的重要平台，是传播科技成果的重要载体，对推动科技创新和学术交流发挥着重要作用。中国科技期刊的高质量发展能够有效提升我国的科技创新能力和国际影响力，对促进我国科技进步、展现文化自信具有重要意义。

　　2016 年，习近平总书记指出"广大科技工作者要把论文写在祖国的大地上，把科技成果应用在实现现代化的伟大事业中"①，表明了中文科技期刊服务现代化建设的重要作用，提出要把科技论文发表在国内期刊上的重要导向。2018 年 10 月 23 日，科技部、教育部等五部委联合发布通知，决定开展清理"唯论文、唯职称、唯学历、唯奖项"（简称"四唯"）专项行动。这是转变科技期刊评价方式、人才评价制度的重要决策。2018 年 11 月 14 日，中央全面深化改革委员会第五次会议审议通过了《关于深化改革 培育世界一流科技期刊的意见》，这是推动我国科技期刊改革发展的重要文件。2019 年 9 月，在深入学习贯彻《关于深化改革 培育世界一流科技期刊的意见》文件精神的基础上，中国科协、财政部、

———————————
①　习近平：为建设世界科技强国而奋斗——在全国科技创新大会、两院院士大会、中国科协第九次全国代表大会上的讲话 [N]. 人民日报，2016-06-01（02）.

教育部、科技部、国家新闻出版署、中国科学院、中国工程院联合启动实施"中国科技期刊卓越行动计划",将加快世界一流科技期刊建设落实到行动中。这些政策的制定和实施都表明,中国科技期刊强国建设的进程从宏观到具体,从政策到落实都已经在实施进程中。

我国出版业已进入新发展阶段。2021年12月28日,国家新闻出版署印发《出版业"十四五"时期发展规划》,明确指出:出版业"十四五"时期要以高质量发展为主题,以深化供给侧结构性改革为主线,以推动改革创新为根本动力,以多出优秀作品为中心环节,以满足人民日益增长的学习阅读需求为根本目的,为人民群众提供更加充实、更为丰富、更高质量的出版产品和服务,推动出版业实现质量更好、效益更高、竞争力更强、影响力更大的发展,为建成出版强国奠定坚实基础。

目前,"建设世界一流科技期刊"成为期刊界议论的热点,也是中国科技期刊面临的巨大的挑战和机遇。截至2022年底,我国科技期刊总数为5163种,其中,中文科技期刊有4556种,占科技期刊总数的88.24%,中文期刊占主导地位。可以说,中文科技期刊的发展水平基本上反映了我国科技期刊的发展水平。这意味着建设世界一流科技期刊也是中文科技期刊的历史使命,中文科技期刊的高质量发展与出版强国建设的目标息息相关。因此,研究中文科技期刊的融合发展、转型升级对促进我国出版业的繁荣和发展具有重要的意义。面对科技期刊出版的春天,在大数据时代背景下,中文科技期刊如何抓住发展机遇,借助信息技术的高速发展,突破发展瓶颈,不断提升影响力和竞争力,是值得研究的课题。

作者针对大数据时代背景下中文科技期刊高质量发展面临的问题和挑战，以党的二十大精神为指导，深入学习相关国家政策，通过理论研究、案例研究、调查研究等方法，总结自身从事中文科技期刊编辑工作近二十年的办刊经验及前期研究成果，对中文科技期刊高质量发展的有效策略进行深入的探讨，提出了中文科技期刊高质量发展的方向、路径与措施。

本书共分为六章。第一章分析了中文科技期刊发展现状及大数据背景下中文科技期刊面临的问题和挑战，指出中文科技期刊高质量发展的内涵特征；第二章研究了中文科技期刊创新发展路径，指出中文科技期刊不仅要进行办刊理念和办刊模式创新、内容创新、形式创新，以实现服务学科、服务科技创新的目的，还要进行期刊编辑培养模式创新，办刊人才的培养是科技期刊可持续高质量发展的基础；第三章探析了中文科技期刊融合发展路径，明确融合发展的必然性，总结了融合发展的历史进程和数字技术在中文科技期刊出版中的应用现状，并根据中文科技期刊融合发展的现状和问题，从数字化管理理念、全流程数字出版、立体化传播体系和数字出版人才培养等方面给出了中文科技期刊融合发展的策略；第四章探析了中文科技期刊开放发展路径，阐述了母语非英文的中文科技期刊国际化的意义和可行性，分析了开放科学与国际传播的关系，指出国际传播是中文科技期刊开放发展的重要方向，开放获取是中文科技期刊开放发展的主要形式；第五章探析了中文科技期刊转型发展路径，明确了中文科技期刊规模化、集群化、产业化发展是高质量发展的必然趋势，研究了国外科技期刊集群化发展运营模式，在分析"卓越行动计划"集群项目成功经验的基础上，提出了集群化建设策略；第六章阐述了新质生产力驱动中文科技期刊高质量发展的路径，从宏观和微观两个层面，以及政策环境、办刊理念、出版新技术、出版伦理规范、人才培养等多个角度提出中文科技期刊高质量、可持续发展的具体举措。

本书内容分别得到了湖南省培育世界一流湘版科技期刊建设工程科技期刊杰出中青年人才项目（2021ZL9005）、中国科技期刊卓越行动计划项目（C-194）和湖南省培育世界一流湘版科技期刊建设工程扶持重点期刊（2020ZL5014）的资助，在此一并表示感谢。

在大数据时代背景下，中文科技期刊的高质量发展面临着更多挑战。中国学者将更多的目光投到具有较高国际影响力的英文期刊，中文科技期刊面对的竞争者不仅仅是国内的学术刊物，还有同领域世界范围内的期刊。但我们始终坚信，新时代赋予中文科技期刊更多的是机遇。在党和国家的方针政策指引下，在大数据、人工智能等新技术的助力下，中文科技期刊通过不断改革创新，充分发挥新质生产力对高质量发展的强劲推动力、支撑力，必将提供更多优质的产品和服务，实现高质量发展，在助力科技创新、增强国际文化软实力和中华文化影响力中发挥更大作用。

鉴于作者水平有限，对中文科技期刊的研究还有待深入，书中难免有不足和错漏之处，敬请各位专家和读者批评指正！

赵俊

2023 年 12 月 19 日

目　录

第一章

大数据时代中文科技期刊
的形势分析

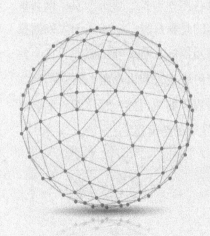

自 1815 年，世界上第一本中文科技期刊《察世俗每月统记传》①创办以来，中国科技期刊已经走过了 200 多年的历史，大致可以分为萌芽与初创时期（1815—1949）、重建和开拓时期（1949—1978）、改革与繁荣时期（1978—2000）、跨越式发展时期（2000 至今）四个阶段。时至今日，科技期刊发展迅猛，已经成为影响力巨大的一个产业，表明了科技期刊与科技发展、科技革命及科技产业的密切关系，表明科技期刊也是一种生产力。特别是党的十八大以来，随着数字技术的日新月异，一场基于大数据技术的数字出版浪潮正以一种无可阻挡的趋势席卷出版界，在大数据时代背景下，科技期刊的传统出版模式和内容服务方式都受到巨大的挑战，一些新的出版传播理念如域出版、预出版、融合出版等不断涌现，开启了科技期刊发展的新征程。

---

① 刘兰肖.中国期刊史：第一卷 [M].北京：人民出版社，2016.

第一节 研究背景

《中华人民共和国国民经济和社会发展第十四个五年规划和2035年远景目标纲要》（简称"十四五"规划）指出："十四五"时期经济社会发展要以推动高质量发展为主题，为经济社会发展奠定了基调。"十四五"期间，我国进入新发展阶段，高质量发展的观念已经融入社会经济的各个领域。党的二十大报告明确提出："高质量发展是全面建设社会主义现代化国家的首要任务。"党的二十大对建设出版强国指明了方向，高质量发展被提升到了新的高度，特别是用中国式现代化实现中华民族伟大复兴的论述、习近平总书记在文化传承发展座谈会上关于建设中华民族现代文明的重要论述，为出版业的繁荣发展指明了重要的方向。

"十四五"规划还明确提出，要坚持创新在我国现代化建设中的核心地位，把科技自立自强作为国家发展的战略支撑，加快建设科技强国。科技期刊是科技创新体系的重要组成部分，因此，科技期刊高质量发展也是时代发展的必然要求，在树立文化自信、建设科技强国的新阶段，科技期刊的发展方向必然高度契合国家意志，与我国科技发展目标保持一致。

回顾近年来中国科技期刊发展历程，自2009年新闻出版总署发布《关于进一步推进新闻出版体制改革的指导意见》以来，为了推动我国科技期刊的高质量发展，助力世界科技强国建设，国家提出了要建设世界一流科技期刊这一目标，并发布实施了一系列有利于科技期刊发展的政策和项目（见表 1-1）。其中，2019 年 8 月中国科协、中宣部、教育部、科技部联合印发的《关于深化改革 培育世界一流科技期刊的意见》是推动我国科技期刊改革发展的纲领性文件。为了全面贯彻落实该纲领性文件，2019 年 9 月，中国科协等七部委联合推出了"中国科技期刊卓越行动计划"（以下简称"卓越计划"），不但给优质的科技期刊指明方向，给予了期刊界导向性的支持，而且激发了各出版单位空前高涨的办刊热情。该计划以 5 年为周期，设立领军期刊、重点期刊、梯队期刊、高起点新刊、集群化试点以及建设国际化数字出版服务平台、选育高水平办刊人才 7 个子项目，是中国在科技期刊领域实施的力度最大、资金最多、范围最广的重大科技期刊发展支持专项。其中，100 个中文科技期刊获得该项目梯队期刊的支持，是继 2018 年实施《中文科技期刊精品建设计划》以来，连续对中文科技期刊实施的又一重大项目，中文科技期刊被资助数量和资助力度均达到史无前例的高度。

表 1-1　2009—2023 年中国科技期刊发展相关政策汇总

政策类型	发布时间	名称	发布部门
出版体制改革	2009 年	《关于进一步推进新闻出版体制改革的指导意见》	新闻出版总署
出版产业发展	2018 年	《关于加强和改进出版工作的意见》	中央全面深化改革委
科技期刊发展	2019 年 7 月 24 日	《关于深化改革 培育世界一流科技期刊的意见》	中国科协、中宣部、教育部、科技部
科技期刊发展	2021 年 6 月 25 日	《关于推动学术期刊繁荣发展的意见》	中宣部、教育部、科技部

政策类型	发布时间	名称	发布部门
科技期刊发展	2022年4月24日	《关于推动出版深度融合发展的实施意见》	中宣部
科技期刊项目	2018年	中文科技期刊精品建设计划	中国科协
科技期刊项目	2019年9月	《中国科技期刊卓越行动计划实施方案（2019—2023年）》	中国科协、财政部、教育部、科学技术部、国家新闻出版署、中国科学院、中国工程院

　　这一系列围绕世界一流期刊建设的政策和项目的出台为科技期刊建设做好了顶层设计，构建了快速发展的政策环境，给科技期刊带来了前所未有的发展机遇，极大地推动了科技期刊的发展进程。在此背景之下，研究中文科技期刊的高质量发展及其路径具有非常重要的现实意义。什么是世界一流科技期刊，如何结合科技期刊的自身实际，探索多元化发展道路，建设世界一流科技期刊是近年来期刊界广泛关注的话题。在培育世界一流科技期刊的时代背景下，在加大创办英文科技期刊的同时，中文科技期刊的高质量发展也备受重视。认真学习和领会高质量发展的深刻内涵和实践要求，是建设一流中文科技期刊的前提，奋力推进科技期刊高质量发展，早日实现"期刊强国"梦，是建设一流中文科技期刊的重要途径。

第二节　中文科技期刊的重要性

一、中文科技期刊对保护国家利益具有重要意义

国家利益主要包括国家的经济利益、政治利益、文化利益、安全利益和外交利益等方面。而科技水平是国家实力的重要体现。作为学术交流重要载体的科技期刊是科学技术传播的重要渠道，是衡量一个国家科技创新水平和综合国力的重要标志。因此，科技期刊的发展状况在一定程度上是国家的科学技术、经济文化发展水平，以及文化自信、国家软实力的体现。

发达的科技期刊出版产业可以从安全、经济、政治和文化等方面充分维护国家利益：（1）中文科技期刊云出版、建设自主研发的出版传播平台可以保证学术资源的数据安全，捍卫信息主权，维护国家的安全利益；（2）出版产业发展可以带来可观的利润，不仅可以促进出版产业自身的健康发展，而且可以与国家其他相关行业形成生态共赢，维护国家的经济利益；（3）中文科技期刊集群化、产业化发展可以让中国的科研工作者拥有便捷的论文发表平台，减少展示交流的成本，提升相关学科在国际上的知名度，提高国际话语权，最终维护国家的政治利益；（4）中文科技期刊可以极大地传播我国的科学技术知识和中华民族文化，用中文撰写的学术成果能够更好地展现文化特色，充分配合国家的文化强

国战略，维护国家文化利益。

文明开放、合作交流是现代社会的重要特征。党的十八大提出"扩大文化领域的对外开放"。国家文化利益是国家利益中的精神方面。中文科技期刊作为中国文化"走出去"的重要载体，承载着传播中国文化理念、实现科技成果交流、展示中国科技水平的重要使命。中文科技期刊是文化开放与科技交流的重要方式，是国内经济、教育、科技和社会发展的需要，是国家文化利益的本质需求，也是参与国际学术期刊竞争、争夺读者市场的需要。

二、中文科技期刊对提升国际话语权具有重要的作用

2013 年，习近平总书记在全国宣传思想工作会议上明确提出要"精心做好对外宣传工作，创新对外宣传方式，着力打造融通中外的新概念新范畴新表述，讲好中国故事，传播好中国声音"[①]。中文科技期刊作为中国期刊的主力军，在传播中国学术好声音中扮演着重要角色。因此，积极探索新形势下中文科技期刊发展战略和路径，推进中文科技期刊高质量发展，贡献中国智慧，传播中国声音，是当前面临的重要任务。

在向世界传播中国科技成果，建设科技强国的伟大进程中，占据我国期刊主体地位的中文科技期刊肩负着时代责任和历史使命。一方面，中文科技期刊走向世界任重而道远，需要依托强大的综合国力，在"双一流"建设、"一带一路"倡议以及创新驱动

---

① 习近平：胸怀大局把握大势着眼大事 努力把宣传思想工作做得更好 [N]. 人民日报，2013-08-21（01）.

发展等重大战略的推动下，中国的综合国力不断提升，在世界范围内发挥越来越大的影响；另一方面，综合国力和国际话语权的提升离不开中文科技期刊在传播中国科研成果、展现中国科技实力方面发挥的作用，尤其是在共建"一带一路"国家和地区以及传统的汉字文化圈中，汉字发挥着重要的影响和作用，中文科技期刊优先向这些国家和地区传播科技成果，逐步扩大中文科技期刊的国际影响力和话语权。

此外，随着大数据时代的到来，人工智能技术、自然语言技术等新技术的不断发展使得论文翻译更便捷，大大消除了因语种不同造成的传播和交流障碍，随着中国国际地位的提升，中文科技期刊在提升国际话语权、增强文化自信、提高国家文化软实力方面必将发挥更大的作用。

三、中文科技期刊肩负促进学术交流、推动科研创新的重要职责

科学技术是第一生产力，推动经济发展必须依靠科学技术。科技创新是引领发展的第一动力，党和政府高度重视科技创新发展，我国的科研人才、资金投入和科研成果产出等均居世界前列。据统计，2023 年中国的发明专利申请量达到 68720 件，连续多年稳居世界第一；2023 年 12 月 15 日，《中国科技人才发展报告（2022）》显示，我国研发人员全时当量由 2012 年的 324.7 万人年提高到 2022 年的 635.4 万人年，稳居世界首位；据《中国科技期刊发展蓝皮书（2023）》①统计，近十年来，中国作者发表SCI论文

① 中国科学技术协会.中国科技期刊发展蓝皮书（2023）[M].北京：科学出版社，2023.

数量持续增加，2022年，中国作者发表的SCI论文达740776篇，占全球发表SCI论文数（2284623篇）的32.42%，居世界第2位。由此可知，目前我国科技成果产出的体量与质量在国际排名中位列前茅，呈现向好发展态势，中国的科技正持续快速发展，中国已经进入创新国家行列。

科技期刊是科技成果的重要载体，科技论文在科技评价体系中具有举足轻重的作用。为科学研究服务的科技期刊必须围绕其服务对象的变化而变化，并在促进学术交流和推动科技创新中起重要作用。这主要体现在：提出科学问题，提供发表、交流园地，储存科学信息，引领科研方向，培养研究人才队伍，推动科技普及应用。首先，中文科技期刊在推动学科建设和创新人才培养、促进学术共同体健康发展以及营造良好学术生态系统等方面具有英文期刊不可替代的作用，这也正是大数据时代中文科技期刊的核心价值。中文科技期刊要明确自身的定位和作用，一方面要进一步加快评价导向重建的步伐，改变中文科技期刊的发展环境；另一方面，要厘清现阶段的发展机遇与挑战，根据核心价值观明确调整自身的功能定位，面向国家需求，提升创新驱动服务能力，主动转型，以适应大数据时代的需求[①]。其次，中文科技期刊的宗旨是服务科技创新、服务广大科技工作者，为国家培养大量的优秀科研人才是中文科技期刊的重要职责之一。中文科技期刊是中国科研工作者从事科学研究的起点，是培育优秀科技人才的重要平台。在与英文科技期刊同频竞争的背景下，中文科技期刊要发

---

① 马素萍,陈丹丹,张喜龙,等.新时代中文科技期刊的定位与发展策略——以《沉积学报》为例[J].编辑学报,2022,34（1）:93-96.

挥自身在人才培养、推动科技普及等方面的优势，在凸显中国特色，推进中国式现代化建设方面做出应有的贡献。

总之，不断提升我国科技期刊的整体学术水平，建设具有国际传播能力、知识服务能力、影响力和竞争力的中文科技期刊对于促进我国优秀科研成果的对外传播与交流，赢得国际话语权，提升国家文化和科技软实力，建设创新型现代化国家均具有重要现实意义，也是我国成为科技期刊强国的具体体现。

四、中文科技期刊自身繁荣发展的需要

经过 200 多年的发展，中文科技期刊不论是数量上还是质量上都得到了迅猛发展。据中信所 2023 年发布的《2023 年中国科技期刊引证报告》：（1）中国卓越科技论文总体产出持续增长，国内重要科技期刊论文入选卓越科技论文比例显著提升（国内卓越科技论文是指近 5 年在中国科技论文与引文数据库（CSTPCD）中收录的发表在中国科技核心期刊上，且论文"累计被引用时序指标"超越本学科期望值的高影响力论文）。《2023 年中国科技期刊引证报告（核心版）》收录了 2151 种中国自然科学领域期刊，发表论文 45.67 万篇，其中，卓越国内科技论文 31.69 万篇，相比 2022 年增长 17.7%。（2）中国科技核心期刊影响力持续提升，面向国家重大需求吸引高水平论文的能力不断加强。中国科技核心期刊的影响因子平均值为 1.048，2001 年以来年均增长率为 6.8%；期刊的总被引频次均值为 1683 次，2001 年以来年均增长率为 9.0%。（3）中国科技创新的国际关注度不断提高。国际科技论文对中国的引用可以反映世界科技界对中国科技创新的关注程度，2018—

2022 年，在中国一流科技论文的即年被引中，四成以上是国际引用，其中 2020 年国际引用甚至超过五成。

但是在全面建设社会主义现代化国家、向第二个百年奋斗目标进军的新征程上，与世界一流科技期刊建设的目标相比，中文科技期刊的表现还不尽如人意，中文科技期刊的发展还存在许多问题：（1）中文科技期刊与我国的科学技术发展水平严重不匹配。2022 年我国被 SCI 收录的科技期刊有 276 种，而中文科技期刊仅为 18 种，近十年来，中国科技论文的 SCI 发文量在不断攀升，约占全球 SCI 发文量的 1/3，但是我国高质量科技期刊在全球的比例却没有明显增加，持续维持在极低水平，与发文量相比，中国 SCI 期刊远远无法满足现有的发文需求，显然，中文科技期刊的发展与我国科技创新程度存在巨大的差距。（2）中文科技期刊影响力、竞争力、传播力不足。总体来说，中文科技期刊仍然存在小、散、弱的特点，各地区科技期刊的数量呈现不均衡的状态[①]，主管主办单位分布分散，大部分主管单位仅主管 1 个科技期刊；从科技期刊出版运营方面看，我国近半数的科技期刊的发行量不超过 1000 册，57.47% 的科技期刊年发行收入不足 10 万元；从国际影响力方面看，2020 年中文科技期刊共发表境外论文 6718 篇（其中 4558 篇为合作论文），占总发表论文数 122.02 万篇的 0.55%，可见中文科技期刊的国际影响力严重落后于中国科技论文的国际影响力。（3）中文科技期刊学科分布不均衡。据《中国学术期刊影响因子年报（2022 版）》，3544 种中文科技期刊分布于 65 个学科，其中

---

① 中国科学技术协会 . 中国科技期刊发展蓝皮书（2023）[M]. 北京：科学出版社，2023.

跨学科期刊 397 种，学科分布以技术科学类期刊为主（44.01%），基础科学类占 30.47%，医药类和综合类分别占 22.49% 和 3.04%，皮肤病学与性病学、天文学、系统科学的期刊不足 10 种，一些学科特别是新兴的交叉学科还缺少相关的科技期刊。（4）运营机制和模式有待创新。在大数据时代，数字出版技术快速发展，但由于技术壁垒高、产出效益不明显等原因，中文科技期刊引进先进出版技术的力度不足，融合发展水平还较低，传统办刊模式和发展模式不适应国家科技强国建设对中文科技期刊发展提出的新的发展要求。（5）中文科技期刊发展是一个涉及多主体、多环节的复杂的系统问题。影响期刊发展的因素很多，需要认真研究期刊发展的影响因素，从理论到实践，不断探索，才能实现中文科技期刊的高质量发展。

目前，我国还缺少数量可观的具有世界影响力的中文科技期刊，承载不了我国科技论文的高速大量产出，更无法吸引国外优秀研究成果发表在中文科技期刊上，因此，我国中文科技期刊还有待进一步高质量发展，在政策利好、导向扭转、大数据技术加持的背景下，中文科技期刊应该抓住发展机遇，快速提升整体竞争力，才能有足够的实力接纳更多的优质稿源，吸引我国科技论文回流，以实现中文科技期刊发展与我国科技发展水平相匹配，进一步凸显中文科技期刊在科技强国建设中的重要作用。

第三节 中文科技期刊高质量发展的内涵特征

一、科技期刊高质量发展的概念及研究进展

马克思主义哲学认为，世界是普遍联系和永恒发展的。发展是指事物不断前进的过程，是由小到大，由简到繁，由低级到高级，由旧物质到新物质的变化过程。高质量发展的中心词是"发展"，而非"质量"，"高质量"是对"发展"的判断、评价。高质量发展概念源于经济领域，但高质量发展的经济社会不仅体现在经济领域，而且体现在更广泛的社会、政治和文化等领域，是新时代我国各领域发展的重要方向，因此，高质量发展能够并应该推演到科技期刊领域，成为我国科技期刊发展的重要目标与方向，新时代推进科技期刊高质量发展是大势所趋。

自高质量发展概念提出以来，学术界对于新时代科技期刊高质量发展的必要性有了一定认识，对科技期刊高质量发展策略等开展了研究。一些学者从高质量发展的本质属性出发研究了科技期刊高质量发展的概念和特征。罗重谱等[①]从"高质量发展"的概念出发，指出新时代学术期刊高质量发展的概念是指学术期刊因应新时代对学术期刊发展的新要求，主动承担推进理论创新和回

---

① 罗重谱，莫远明. 新时代学术期刊高质量发展的内涵与路径[J]. 出版广角，2021（6）：53-56.

应重大现实关切的新使命，以引领性、品牌化、平台化、融合性、复合型、国际化为基本特征和发展取向的一种新的发展状态。肖宏[①]以《现代汉语词典》和国家标准对"质量"的定义为基础，提出科技期刊质量的定义是"反映刊物满足科学技术内容报道所需要的各种编辑出版能力的特性总和"。原新闻出版总署署长柳斌杰指出：出版业的高质量发展是指"更高质量、更高效率、更多业态、更新技术、更强队伍、更有魅力、更可持续、更具影响力的新型发展态势"[②]。

由此，中文科技期刊的高质量发展可以认为是"在高质量发展的历史新阶段，中文科技期刊坚持以人民为中心的发展思想，以品牌建设、融合发展、开放发展、转型发展、绿色发展为目标和路径的具有更高效率、更强队伍、更多业态、更具影响力的发展状态"。

目前，对于中文科技期刊高质量发展，一些学者以单刊为例提出了科技期刊高质量发展的路径和措施。例如：李明敏等[③④]分别从《航空学报》的办刊实践出发，介绍其在打造高质量中文科技期刊方面的经验，探索了中文科技期刊高质量发展的可行举措。马素萍等[⑤]以地质学中文科技期刊《沉积学报》为例，深入探讨了

① 肖宏. 论新时代科技期刊的质量要素和高质量发展[J]. 中国科技期刊研究，2020，31（10）：1153-1163.

② 柳斌杰. 开拓中国出版业高质量发展新时代[J]. 中国出版，2020（22）：6-10.

③ 李明敏，李世秋，范真真，等. 独立作者约稿助力中文科技期刊高质量发展[J]. 编辑学报，2023，53（2）：210-213.

④ 李世秋，蔡斐，李明敏. 聚焦一流学科，培育高质量中文科技期刊——以《航空学报》为例[J]. 出版广角，2022（22）：64-69.

⑤ 马素萍，陈丹丹，张喜龙，等. 新时代中文科技期刊的定位与发展策略——以《沉积学报》为例[J]. 编辑学报，2022，34（1）：93-96.

新时代中文科技期刊的功能和定位，为中文期刊走出困境，实现跨越式高质量发展提供思路。

还有一些学者[①②③④]结合新时代新形势，从融合发展、智库建设等角度分析了推动中文科技期刊高质量发展的策略。贾静宇[⑤]从编辑视角分析了中文科技期刊的发展路径，认为高质量发展就是办刊中鼓励原创研究，把论文的创新性作为审稿用稿的重要标准，强调了论文内容对高质量发展的重要性；刘志强等[⑥]统计分析了2020—2022年我国中文科技期刊的影响力发展概况、国内外数据库收录变更情况等，提出稳步提高我国中文科技期刊规模、合理增加引文数量、充分利用国际出版平台、不断完善学术评价体系等推进中文科技期刊高质量发展的建议。

总体来说，这些研究都是从单一方面研究科技期刊高质量发展，缺少系统地探讨我国科技期刊高质量发展的研究、对于中文科技期刊高质量发展仍需要多角度、多途径的探索，总结经验。中文科技期刊的高质量发展不是简单的数量的扩张，是更加注重质量的发展，是数量与质量的协调发展，具有创新发展、高效发

---

① 郝煜, 贺富荣, 张荣梅. 新时代科技期刊高质量发展策略分析[J]. 中国报业, 2023（8）: 40-41.

② 赵文青, 宗明刚. 以融合发展助推学术期刊高质量发展: 内在逻辑与路径选择[J]. 中国编辑, 2023（7）: 39-43, 60.

③ 孙艳. 出版深度融合背景下学术期刊的高质量发展问题[J]. 中国编辑, 2023（10）: 65-68.

④ 钱锋, 李军凯. 以智库建设推动我国科技期刊高质量发展路径研究[J]. 出版参考, 2023（11）: 34-37.

⑤ 贾静宇. 编辑视域下中文科技期刊高质量发展路径研究[J]. 学术出版与传播, 2022, 1: 83-89.

⑥ 刘志强, 王婧, 张芳英, 等. 新时代我国中文科技期刊高质量发展之路探析——基于2022年度中文科技期刊发展情况[J]. 科技与出版, 2023（3）: 58-66.

展、可持续发展的综合特征。

二、中文科技期刊高质量发展的内涵

建设世界一流科技期刊，离不开坚持"中国特色"。完成建设世界一流科技期刊的目标，首先需要认清中文科技期刊的重要作用，明确其高质量发展的内涵。

科技期刊高质量发展的内涵是非常丰富的。高质量发展的内涵不能仅从内容质量、编校质量、出版形式、印制质量、传播质量等出版业务的角度分析，而是要涵盖体制机制、影响力、人才建设、服务能力、传播能力等更高的层次、更大的视野。① 习近平总书记在给《文史哲》编辑部全体编辑人员的回信中指出，"高品质的学术期刊就是要坚守初心、引领创新，展示高水平研究成果"②。

因此，分析中文科技期刊的高质量发展的内涵应该从时代特点和历史使命出发，主要体现在以下三个方面。

第一，中文科技期刊高质量发展是贯彻国家高质量发展理念的体现。党的十八大以来，党中央提出创新、协调、绿色、开放、共享的新发展理念。科技期刊作为推动理论创新和科技创新的重要力量，具有引领科技创新方向的重要作用，必须要坚决支持和贯彻落实国家的高质量发展理念，才能更好地引导科研工作者的研究方向，只有与国家利益和国家发展方向保持一致，期刊界才

---

① 郭伟. 以新发展理念引领我国科技期刊高质量发展——内涵特征、存在问题及实现路径[J]. 中国科技期刊研究，2023，34（4）：406-414.
② 习近平. 习近平给《文史哲》编辑部全体编辑人员回信[N]. 人民日报，2021-05-11（01）.

能获得最大的发展动力，实现可持续发展。与英文期刊相比，中文科技期刊在服务中国经济发展、传播先进成果、记录和传承中华文化科技发展方面更具"中国特色"。中文科技期刊的办刊初心就是为社会主义现代化建设服务，为广大人民群众服务，中文科技期刊的高质量发展完全符合国家高质量发展的理念。目前，从中文科技期刊的现状来看，高质量的中文科技期刊所占比例较低，国际传播能力非常有限，数字出版平台建设刚刚起步。针对这些问题，首先就要明确中文科技期刊在出版强国建设中的重要支撑作用，找准有效路径，才能全面提升中文科技期刊对经济社会发展、科技进步的服务能力，实现高质量发展。

第二，中文科技期刊高质量发展是服务学科建设、引领科技发展方向的必由之路。中国科研工作者想国际上发表的科技论文总量连续多年位居世界第 2 位，高被引论文的数量居世界第 3 位，展现了我国科技发展的实力和水平。而作为承载科技成果的阵地的科技期刊的发展与科技的发展还存在较大的差距，要缩短我国科技期刊与科技发展之间的差距，占我国科技期刊绝对多数的中文科技期刊的高质量发展刻不容缓。

改革开放以来，随着我国经济的快速发展，研究人员、研究成果大幅度提升，我国科技期刊也获得了很大的发展，这表明了科技期刊与科技发展相辅相成、互相促进、密不可分的关系。构建中国特色的学科体系、学术体系、话语体系是新时代发展中国特色社会主义的必然要求。高水平的科技期刊，尤其是中文科技期刊在促进人才培养、构建中国自主知识体系、推动经济社会发展方面具有不可替代的枢纽作用。

第三，中文科技期刊高质量发展是提高科技期刊整体水平的必然选择。我国的科技期刊与世界一流科技期刊之间存在不小的差距，这也是大量科技论文外流的重要原因。只有占我国科技期刊绝对多数的中文科技期刊发展好了，我国科技期刊才能真正实现全面发展。在朝着培育世界一流科技期刊的目标前进的征程上，中文科技期刊高质量发展既是目的也是手段。目前，中文科技期刊还处于"多而不强"的状态，在品牌建设、平台建设、数字出版、产业化程度等方面还较落后。中文科技期刊不但要着力提升办刊水平，而且要树立品牌意识，从传播力、影响力和创新能力等方面不断提升综合质量，实现高质量发展。其中，内容建设是中文科技期刊高质量发展的核心，高质量的学术成果是实现内容创新的重要保障，也是评价科技期刊质量和学术水平的重要指标。目前，国际大型出版商抢夺优质稿源，国内大量的优秀论文外流。如何吸引中国的优秀科研成果发表在中文科技期刊上，是每个参与一流科技期刊建设的期刊人都应该认真思考的问题。当一大批一流的科研成果都选择在中文科技期刊上发表时，就真正实现了培育世界一流科技期刊的建设目标。

三、中文科技期刊高质量发展的评价标准

卓越、一流、高水平的科技期刊能为发扬中国精神、彰显中国价值、树立文化自信提供重要助力，更是促进中华民族文化繁荣发展的重要桥梁。为破除论文"SCI至上"，探索建立科学的评价体系，2020年2月，教育部、科技部共同印发《关于规范高等学校SCI论文相关指标使用　树立正确评价导向的若干意见》。在

此背景下，对科技期刊进行合理且有效的评价，尤其是遴选出高水平的科技期刊变得尤为重要。高水平科技期刊的评价标准是建设世界一流科技期刊的风向标和指挥棒，科学的评价标准能够为我国期刊健康、高竞争力、可持续发展把舵领航。

经过多年的研究和发展，对于科技期刊的学术影响力、传播力的评价成果非常丰富[1][2]。一些主流的评价机构及其评估体系已经日趋完善，特别是大数据时代的到来，更规范、更智能的格式化引用及更全面的数据分析使期刊评价结果更精准、更及时、更便捷，但是，新时代对科技期刊的要求也越来越高，新兴学科，特别是交叉学科的快速发展迫切需要建立更全面、更科学、更合理的评价体系，根据学科发展、传播手段的变化等综合考虑更多的体现论文价值、期刊水平的因素，不断完善评价指标，扩展评价范围。

学者们普遍认为世界一流期刊应具备声誉好、质量高、发表快、传播广和影响大的特征[3][4]，因此，在建设世界一流科技期刊的目标下，中文科技期刊高质量发展的评价标准可以从以下几个方面用定性与定量相结合的方法来拟定。

第一，拥有卓越的人才队伍。专业人才是中文科技期刊发展的核心要素。建设一支高素质的人才队伍是中文科技期刊高质量

---

① 王俊琳.基于一流学者与成果的高水平期刊量化遴选研究[D].太原：山西大学，2023.
② 邱均平，刘亚飞，魏开洋.科学交流视角下学术论文影响力多维评价[J].情报理论与实践，2023，46（6）：47-54.
③ 李鹏，刘英虹，胡小宁."中国科技期刊卓越行动计划"背景下培育世界一流科技期刊的思考与启示[J].天津科技，2024，51（1）：62-65与69.
④ 王继红，骆振福，李金齐，等.培育中国特色世界一流科技期刊的内涵与措施[J].中国科技期刊研究，2020，31（1）：4-9.

发展的基础，高水平的科技期刊都应注重人才队伍的建设。高水平的人才队伍包括由顶尖学者组成的编委队伍、由复合型编辑组成的办刊团队。通常，科技期刊的编委被认为是"掌舵人"，编辑是"把门人"，在科技期刊的发展中发挥着举足轻重的作用。编委是主导期刊实现高质量发展的骨干力量，他们的学术水平和学术声誉决定了期刊的办刊宗旨、市场定位、期刊质量、影响力和持续发展能力，是期刊核心竞争力的一部分。编辑是科技期刊学术内容的加工者、科研诚信的捍卫者、出版体系的中心环节。编辑水平体现在编校能力、新技术的应用能力、学术传播能力、与作者、读者、编委的沟通能力等多个方面。只有充分发挥高素质的编辑人才"把门人"的作用，才能把好科技期刊的政治关、诚信关和质量关。因此，编委团队的学术影响力、编辑团队的专业素养，包括职称水平、学历水平、从业资格水平、数字素养、政治素养等方面都是评估中文科技期刊高质量发展的定性指标。

第二，拥有前沿的学术成果。持续性的、高质量的、高影响力的论文是中文科技期刊可持续发展的重要保障，优质的内容质量永远是科技期刊价值和水平的集中体现。

原创性的优质稿源是评估中文科技期刊核心质量水平的重要特征。对于内容质量的评价标准一般包括定量和定性两个方面。根据《中国科技期刊引证报告（核心版）》《中国学术期刊影响因子年报》等主流评价机构的评价体系，衡量期刊质量和影响力的重要指标有总被引频次及排名、核心影响因子及排名、综合评价总分及排名、学科扩散指标、学科影响指标等。此外，针对中文科技期刊的评价，重庆维普资讯有限公司基于其大型中文电子期刊数据库《中文科技期刊数据库》发布了《中文科技期刊年度影响力报告（2023版）》，该期刊评价报告也从载文量、可被引文献量、近5年被引量、影响因子、特征因子、论文影响分值以及基金论文比等指标定量地评估了中文科技期刊的年度影响力。从计量的角度来看，尽管不同的评价机构给出的评价指标及计算方式略有不同，但核心都是被引频次和影响因子，说明高比例的高被引论文是展现科技期刊实力和创新力的重要指标之一。

总之，评价中文科技期刊高质量发展不但要考虑现有的评价指标，还要考虑区别于评价英文期刊的因素等，构建和完善更适合中文科技期刊的评价体系，多角度、全方位、综合性地来评价科技期刊的高质量发展。

第三，拥有国际化的影响力。中文科技期刊要助力文化自信、科学技术的国际化传播，必须具有一定的国际影响力。鉴于语种的局限性，与英文科技期刊相比，中文科技期刊的国际化程度还很低，其国际化建设任重而道远。甚至有人认为，中文科技期刊没必要追求国际化，只需要立足本国，服务好国内受众就行了。但是，作为中国科技期刊的重要组成部分，中文科技期刊应该明确自身定位，立足本国学科、内容资源，面向世界传播中国声音，与英文期刊一起齐头并进，共同担负起抢夺国家话语权、推进出版强国建设的重要历史使命，找到适合自己的高质量发展之路。自20世纪80年代科技期刊国际化的概念被提出以来，针对中文科技期刊的国际化研究从未停止。根据《中国学术期刊国际引证年报》和《世界期刊影响力指数（WJCI）报告》，中文科技期刊国际影响力指标包括国际他引总被引频次、国际他引影响因子及即年指标、WJCI指数等，是目前较客观的评价中文科技期刊在全球范围内的影响力的定量评价指标。此外，中文科技期刊被国际数据库收录情况、合作出版程度、境外版权交易量等也是衡量中文科技期刊的国际化程度的定性指标。尽管有些指标仍然还很微弱，但是这些指标都是中文科技期刊高质量发展评价的重要组成部分。

第四，拥有全面的传播能力。科技期刊传播力是科技期刊综合运用多种传播手段，实现科技信息的社会覆盖、影响和经营，以更好地构建自身形象、发挥科学服务职能的内在能力。[1]科技期刊传播力的核心在于实现期刊及其信息的有效传播。俗话说"酒香也怕巷子深"，随着互联网时代的到来，科技期刊的传播能力越来越受到重视，中文科技期刊传播力与期刊品牌建设、期刊质量密切相关，这是期刊高质量发展的重要指标之一。

目前，已有不少学者采取不同的指标和方法进行了科技期刊的传播力评价，并纳入定量和动态指标[2][3][4][5]，形成对主流期刊传播力评价体系的有益补充。

科技期刊的传播力评价除了各研究团队针对传播力评价要素开展的传播力评级外，还有评价机构给出的评价分级指标。《中国

[1] 刘叶萍，付文绮，丁靖佳，等.5W传播模式下科技期刊传播力评价现状及模型构建研究[J].中国科技期刊研究，2023，34（4）：510-518.
[2] 郭奕冰.学术期刊传播力研究进展探析[J].南京航空航天大学学报（社会科学版），2022，24（2）：113-118.
[3] 吴祝华，刘明华，柳静怡，等.我国科技期刊论文传播力评价体系构建：以江苏省高校农林医药期刊论文为例[J].中国科技期刊研究，2022，33（11）：1580-1586.
[4] 许新军.Z指数在期刊网络传播力评价中的应用研究[J].大学图书馆学报，2020，38（6）：111-117.
[5] 俞立平，庞如超，周娟美，学术期刊学术传播水平评价：期刊传播因子[J]，信息资源管理学报，2021，11（4）：133-140.

科技期刊传播力报告（2022）》[①]以美国学者拉斯韦尔提出的"5W"经典传播模式为框架，从科技期刊传播过程中的五要素，即科技期刊的传播者、传播内容、传播渠道、传播受众和传播效果5个维度建立科技期刊的传播力指标体系，形成5个一级指标，13个二级指标、21个三级指标。根据该科技期刊传播力指标体系设计的科技期刊传播力指数（简称"传播力指数"）就是在这5个维度下的各项评价指标的综合得分，其子指数包括科技期刊传播者指数（简称"传播者指数"）、科技期刊传播内容指数（简称"传播内容指数"）、科技期刊传播渠道指数（简称"传播渠道指数"）、科技期刊受众指数（简称"受众指数"）、科技期刊传播效果指数（简称"传播效果指数"）。同时，该体系还考虑了不同类型期刊传播力指标权重，即不同类别科技期刊5个维度的各级指标所占权重并不相同，例如工程技术类期刊的一级指标传播者（A）的权重是13，而英文期刊的传播者指数（A）的权重为17。不同类型期刊各级指标的权重总和均为100。这充分体现了在传播过程中不同类型的科技期刊的传播要素对传播力影响的差异。

随着传播技术的不断升级、传播渠道的不断扩展，科技期刊传播力指标体系还会不断变化，科技期刊传播力指标体系的研究还有待深入。但在现阶段，研究中文科技期刊传播力指数的计算方法，分析中文科技期刊现有的传播力，综合考虑各种传播因素，从而构建适合中文科技期刊的传播模式、传播路径和传播策略，必然可以促进中文科技期刊的有效传播，提升其传播能力，实现

---

① 中国科学技术协会. 中国科技期刊传播力报告（2022）[M]. 北京：科学出版社，2022.

高质量发展，因此，对中文科技期刊传播力的评价是其高质量发展评价体系中不可忽视的一部分。

第五，拥有健全的规范体系，发表周期短。中文科技期刊要树立牢固的政治意识、大局意识，加强制度建设，提高服务质量，以日趋完善的管理体制机制促进期刊的高效运作。建立健全各种规范体系，包括编校规范、同行评议制度、科研诚信体系以及版权保护机制等是规范我国科技期刊的办刊行为、增强发展动力、促进科技期刊高质量发展的基础保障。

缩短发表周期、出版周期既是手段也是目标，它是科技期刊吸引优质稿源的重要措施，也是科技期刊服务能力提升的体现。目前，中文科技期刊的出版周期以双月刊为主，发表周期一般为200天以上，有的期刊甚至超过一年。发表周期和出版周期过长，一方面，将无法满足作者的发表需求，影响科研工作者的研究进度，另一方面，也影响了科技信息的快速传播，在信息爆炸的时代，科研信息的快速传播对学术交流非常重要，甚至影响到科研成果的首发权认定。因此，中文科技期刊在缩短发表周期、出版周期方面还有很大的空间，是提升期刊能力的重要方向，也是评价科技期刊高质量发展的重要因素。

朱邦芬院士指出：中国科技期刊高质量标准不应一刀切[①]。例如，从期刊内容的角度来说，学术期刊和科普期刊的评价标准因其服务对象的不同、定位的不同、题材特点等因素的不同，一些指标的计量方法和权重等都应该重新调整；从语种的角度来说，英

---

① 朱邦芬. 高质量发展中国科技期刊是中国科界和期刊界的使命——在"2020 中国学术期刊未来论坛"的发言 [J]. 编辑学报，2020，32（6）：591-592.

文科技期刊与中文科技期刊的主要功能不同，高质量的标准也应该不同。因此，高质量中文科技期刊一方面要符合基本标准，如恪守学术诚信、坚持正确导向、满足出版规范等，其评级体系要从科学的评价体系的基本要求出发，结合定量指标和定性指标来构建，另一方面，中文科技期刊高质量发展的评价标准要依据期刊类型、办刊宗旨等有所不同，应综合考虑中文科技期刊的定位、本质属性、发展目标、语种特殊性等多个角度来构建。

第四节　大数据时代中文科技期刊高质量发展的机遇与挑战

一、中文科技期刊高质量发展的机遇

首先，中文科技期刊将获得更多的政策和经费支持。加快建设科技强国、努力成为世界主要科学中心和创新高地，迫切要求加强基础研究，而中文科技期刊因其在推动基础理论创新方面的功能将获得更多的政策和资金支持。"十四五"时期，科技期刊卓越计划等各项科技期刊支持计划还将持续实施，特别是在传统优势、新兴交叉、战略前沿、关键共性技术等领域的中文科技期刊也将迎来更广阔的发展前景。

其次，新兴数字技术的发展为中文科技期刊的发展提供了助力。数字技术变革带来了信息获取的便捷性，中文科技期刊将在

数字技术的驱动下不断升级。大数据、人工智能、区块链、AR（增强现实）、VR（虚拟现实）等前沿技术在中文科技期刊中将得到越来越广泛的应用，催生了网络首发、增强出版等新兴传播方式，OA出版、数据出版、视频出版等新型出版模式，使预印本出版平台与开放出版等成为可能，加速了科技期刊编辑、审稿、校稿、印刷、发行、传播等出版全流程的颠覆性变革，给中文科技期刊的发展插上了翅膀，快速提升了期刊的传播力和影响力。在数字化、网络化的环境下，中文科技期刊若能积极引进先进出版技术，驱动科技期刊转型升级，就能获得更大的发展空间。

二、中文科技期刊高质量发展的挑战

第一，科技论文高速增长，但科研成果外流的状态仍未有较大改变。我国大量高水平研究成果仍然选择发表在国外SCI期刊上，在"将优秀的科研成果发表在祖国大地上"的号召下，一些研究成果发表回流，但中文科技期刊上发表的高水平论文仍然较少；学术评价机构和科研人员的SCI情结还较为严重，在破"四唯"的号召下，科研评价体系和人才评价体系的调整和重构都需要时间，在"评价"指挥棒下，中文科技期刊对高质量论文的吸引力仍然不足，英文论文特别是SCI论文仍然是作者发表研究成果的首选，中文科技期刊编辑组稿、约稿工作难度仍然较大。另外，中文科技期刊的容量也远远小于我国科技论文的发表量，即使大量的科研成果回流，中文科技期刊的载文量也无法满足回流论文的及时发表，过高的退稿率也将阻碍优秀论文的回流进程。

第二，与国际科技期刊的发展速度相比，我国科技期刊的数字化建设和融合发展相对滞后，缺乏具有高影响力的数字出版平台。目前，中文科技期刊的数字化建设和融合发展还停留在建设网站和微信公众号的阶段，而且缺乏网站、微博微信公众号等运营的经验，未能大幅度提升互联网传播的效果；大多科技期刊的数字出版、融媒体出版还刚刚起步，新技术的运用不够深入，编、审、印、发全流程的数字出版过程还不够通畅，受传统出版理念束缚，以及传统编辑部人员结构和管理体制的影响，利用新兴数字技术拓展知识服务、促进知识内容供给侧改革等方面未有实质性进展。

第三，中国英文科技期刊的快速发展给中文科技期刊带来的竞争压力不断增加。为了向世界展示我国的科研成果，吸引SCI论文回流，我国对英文科技期刊的发展支持力度大幅提升。例如，卓越计划中英文科技期刊共有150种入选，而中文科技期刊仅有100种，其入选比例远小于英文科技期刊。英文科技期刊在质量和数量上不断增加。据不完全统计，2018—2022年，我国共新增科技期刊115种，其中英文期刊99种，中文期刊14种；获得卓越计划高起点新刊项目资助的英文科技期刊有190种；至2023年9月，被Scopus、WOS、EI、PubMed等国际数据库收录的期刊为386种，占434种英文科技期刊的88.94%，SCI数据库近20年来未收录中文期刊。与英文科技期刊的跨越式发展相比，中文科技期刊则略为逊色。虽然，中文科技期刊和英文科技期刊都是我国科研成果传播体系的有机组成部分，但是，英文科技期刊与中文科技期刊在先进科研成果、优质稿源、优秀人才等方面都存在竞争关系，英文科技期刊获得快速的发展给中文科技期刊的发展带来了更多压力。

因此，面对大数据时代中文科技期刊高质量发展的机遇和挑战，探究影响中文科技期刊发展的关键因素和路径，以满足中文科技期刊发展的需求，更好地提高我国科技期刊整体竞争力是十分必要的。本研究将以中文科技期刊的高质量发展为目标，从创新发展、融合发展、开放发展、转型发展等角度，探究中文科技期刊高质量发展的建议与对策。

第二章

CHAPTER

中文科技期刊创新发展路径

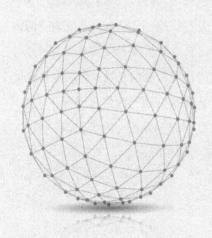

创新是指人们为了发展需要，运用已知的信息和条件，突破常规，发现或产生某种新颖、独特的有价值的新事物、新思想的活动。创新始终是推动一个国家、一个民族向前发展的重要力量，是发展的第一动力。党的二十大报告强调要"坚持创新在我国现代化建设全局中的核心地位"[①]。在我国深入实施创新驱动发展战略、大力建设创新型国家的历史阶段，我国科技强国建设离不开科技创新、文化创新，同样地，科技期刊的高质量发展也离不开创新的驱动。在大数据时代，研究科技期刊创新发展的思路和实践路径，对利用新理念、新技术、新方法解决科技期刊发展中存在的问题，找准科技期刊未来方向，探索我国科技期刊发展的高质量路径具有重要意义。在建设一流科技期刊的目标引导下，中文科技期刊的创新发展路径包括办刊理念创新、内容创新、形式创新、传播模式创新、人才培养模式创新等方面。

---

① 习近平. 高举中国特色社会主义伟大旗帜　为全面建设社会主义现代化国家而团结奋斗——在中国共产党第二十次全国代表大会上的报告[N]. 人民日报, 2022-10-26(01-05).

第一节 办刊理念创新

一、树立品牌意识

品牌理论是营销学中的重要理论。根据现代营销学之父科特勒在《市场营销学》中的定义，品牌是销售者向购买者长期提供的一组特定的特点、利益和服务。品牌是具有经济价值的无形资产，其本质是品牌拥有者的产品、服务或优势能持续为其受众提供同等或高于竞争对手的价值。

对于科技期刊而言，品牌也是科技期刊的无形资产，科技期刊及其提供的知识服务能否给予作者、读者、审稿专家等受众巨大的学术价值，就是衡量科技期刊是否具有较大影响力、竞争力和知名度的标准。纵观以爱思唯尔和施普林格·自然为代表的国际知名出版商，其无不在相关领域具有较大的影响力，在经营过程中都非常注重品牌建设。

目前，我国已成为期刊大国，也产生了一些有影响力的中文科技期刊，但整体上仍存在同质化办刊、竞争力及影响力较弱、品牌意识不足、集约化和市场化发展程度较低等问题，与国际一流期刊仍有一定的差距。科技期刊的品牌是期刊全方位综合实力的体现，包括办刊能力、传播力、竞争力、市场占有率、资源整合能力等。中文科技期刊品牌建设的过程就是其高质量发展的过程，两者从建设目标和路径上都是高度统一的。

品牌建设不是一朝一夕能够完成的，是个长期的过程。首先，中文科技期刊要转变传统发展观念，树立品牌意识。中文科技期刊的品牌建设要注重差异化竞争优势，提出具有"中国特色"的战略部署，坚持品牌的长期发展；其次，要积极探索中文科技期刊树立品牌的途径，通过提升内容质量、强化办刊特色、扩大品牌宣传来加强品牌建设。在新媒体时代背景下，数字技术为科技期刊加速提升自身的传播力、影响力与品牌力提供了支持，中文科技期刊应该积极利用数字技术，聚焦前沿热点，洞察市场需求，加强与读者的互动交流，扩大知识分享与普及，持续为读者输出高品质的学术价值；此外，保护版权是品牌建设的重要步骤之一，特别是在出版内容数字化、传播平台国际化的建设过程中，面对与传统的出版方式不同的版权风险，中文科技期刊尤其需要提高版权保护意识，才能保持期刊品牌的长期发展。

总之，在新媒体时代，中文科技期刊要实现跨越式高质量发展、提升核心竞争力首先就要树立品牌的意识，提出品牌建设的战略。

二、推动出版机制体制改革

近年来，随着国家对中文科技期刊的重视程度越来越高，在既要办好英文期刊又要做强中文期刊的政策引导下，对中文科技期刊的支持力度在不断增强，但是，中文科技期刊在出版业发展中的受重视程度、经费支持力度、管理经营模式先进性等方面还比较低。根据新闻出版总署近年来的年检数据，我国4500余种中文科技期刊主管、主办和出版单位分布分散，65% 以上的单位只主管 1 种科技期刊，77% 以上的单位只主办 1 种科技期刊，95%以上的出版单位只出版 1 种科技期刊，近 80% 的单刊编辑部就是出版单位[①]。在办刊经费支持方面，只有少量的科技期刊获得了主管单位的经费支持，近半数的科技期刊获得主办单位的支持，并且支持力度大多都在每年 30 万元以内；获得国家级专项经费支持的科技期刊不足 5%，获得行业或地方级专项经费支持的科技期刊数量不足 3%，其中又以对英文科技期刊的支持为主。以湖南省的科技期刊为例，自国家开展"卓越计划"以来，受国家级专项经费支持的中文科技期刊仅 3 种（占湖南省科技期刊总量 132 种的2.27%），受地方级专项资助的中文科技期刊为 24 种，这是湖南省培育世界一流湘版科技期刊建设工程（2020—2023 年）资助的单个中文期刊总数，支持力度空前，但是全国这样的省份并不多，总体上看，目前对中文科技期刊的经费支持力度仍然不够大。在科技期刊印数和发行量、期刊收入、影响力等方面，中文科技期刊也存在着"小且弱"的特征，大多数中文科技期刊的发行量不足千册。在经营管理模式方面，中文科技期刊的运营模式主要有以下四种：一是计划经济下事业单位办刊模式；二是市场经济环境下的事业单位办刊模式；三是事业单位下独立核算办刊模式；四是国有企业办刊模式[②]。其中，事业单位办刊是中文科技期刊管理运营的主要模式。科技期刊大多由科研院所、高等院校等主办，以编辑部或杂志社为单位办刊，管理模式比较传统，体制僵化，办

① 中国科学技术协会 . 中国科技期刊发展蓝皮书（2023）[M]. 北京：科学出版社，2023.
② 中国科协技术协会 . 中国科技期刊发展蓝皮书（2021）[M]. 北京：科学出版社，2021.

刊理念和管理水平较为落后，办刊人才短缺，提升期刊品牌和办刊质量的动力不足。

我国要想从期刊大国发展为期刊强国，必须适应国际市场的需求，必须进行体制改革，实行企业化的运营模式。2006年，新闻出版总署发布了《关于深化出版发行体制改革工作实施方案》，明确了实行事业体制的公益性出版单位和转企改制的经营性出版单位的改革目标和根本任务，又于2009年和2010年先后印发了《关于进一步推进新闻出版体制改革的指导意见》和《关于印发新闻出版体制改革工作要点的通知》，进一步推进新闻出版体制改革的主要任务。2012年，新闻出版总署发布了《关于报刊编辑部体制改革的实施方法》，专门针对国内统一连续出版物的报刊编辑部体制改革做出了部署。经过十几年的发展，我国科技期刊体制改革逐步推进，并取得了巨大的成效。一部分科技期刊已经开始了商业化、企业化运营模式的探索，也成功建成了一批具有市场竞争力和社会影响力的出版集团。例如，中国激光杂志社有限公司、北京卓众出版有限公司、中国科技出版传媒股份有限公司（原科学出版社）、清华大学出版集团、中华医学杂志社有限责任公司等都是转企改制的先行者和成功案例。但是，要实现建设一流科技期刊的目标，仅仅有少数的出版先锋还远远不够，还需要培养一大批高质量的科技期刊。2019年，中国科协联合7部委开展了"卓越计划"，首次将中文科技期刊纳入了资助体系。2021年6月，中宣部、教育部、科技部联合印发《关于推动学术期刊繁荣发展的意见》，明确"支持规模性出版企业探索协作办刊等模式，跨地域、跨部门、跨学科整合期刊出版资源"。这是专门针对科技期刊探索多模态发展的指导性文件。

显然，要实现国家创新体系建设，向世界推介具有中国特色、中国精神的优秀文化，作为科技期刊主体的中文科技期刊在探索新的出版机制体制中具有不可推卸的历史使命，中文科技期刊要借鉴国际上经营管理模式，以体制机制改革为起点，积极开展经营模式和管理模式的创新探索。

三、转变运营模式

大量研究表明，良好的运营管理是科技期刊高质量可持续发展的基础和保障[①]。中文科技期刊办刊模式和经营模式的探索与创新是推动我国科技期刊出版高质量发展的重要路径。目前，中文科技期刊在办刊模式和运营模式现状主要有以下三个特点。

第一，大多数中文科技期刊仍处于单刊编辑部的运营模式中。据统计，采用单刊运营模式的中文科技期刊数量占中文科技期刊总数的83.00%（3863种）[②]。近一半的科技期刊单刊从业人数集中在4—7人。从人员数量就可以看出，大多数中文科技期刊是"小作坊"式的运营模式。我国科技期刊从业人员以采编人员为主体，占总从业人数的50%以上。从人员类型的职责来说，采编人员主要负责选题组稿和稿件处理等工作，但大部分科技期刊由于人手有限，编辑除了完成采编工作外，还需要从事发行、推广、广告

① 田雪莹,刘洪尊.我国科技期刊的运营现状分析及发展路径探析[J].今日科苑,2023(2)：84-91.
② 王治,霍春雁,刘培一.我国中文科技期刊单刊多元化运营模式探析[J].中国科技期刊研究,2022,33（9）：1239-1246.

经营及编务等日常管理工作，大多数编辑都成了身兼数职的"全能型编辑"，从而出现了工作效率低下、流程周期过长、期刊传播力提升有限等不利于期刊发展的问题。尤其是进入互联网时代以来，科技期刊编辑部缺少专业的信息技术人才，传统的编辑部在人员结构、专业人才和人才培养等方面都存在严重滞后的情况，严重地阻碍科技期刊的快速传播，无法支撑科技期刊的数字化发展。编辑部编辑人员不足、编辑岗位设置不科学、编辑职责边界不清晰和分工不明确的问题一直困扰着科技期刊编辑部。

第二，中文科技期刊专业化程度不足。从办刊人才的角度来看，中文科技期刊的专业人才不足，主编、编委团队形同虚设的现象普遍存在。在科技期刊发展中非常重要的学术质量控制、期刊影响力提升等方面，应有科学编辑（学术编辑）负责，但传统编辑部并未设置专人专岗，主要由编辑部负责人承担，稿件的学术创新性、科学性往往依赖外审专家。虽然大多数科技期刊都设有编委会，希望其能承担稿件评审、控制学术质量的职责，但是，国内很多科技期刊的编委会形同虚设，并未发挥实质性的作用。由于编委专家的投入时间和精力有限，而且评价标准并不完全统一，因此稿件送审、提出退修意见的主要任务大多还是由编辑承担，甚至有的编辑代替主编执行终审职责。从这个角度看，我国科技期刊办刊模式不够专业，与国际上专业期刊由主编掌舵的办刊模式相差甚远。

从内容质量、学术水平的角度来看，中文科技期刊的学术质量不高，影响力、传播力一般，同类竞争较大，导致优质稿源匮乏，尤其是很多综合性期刊，内容定位模糊、专业特色不突出，刊物实际情况与办刊宗旨背道而驰。具体主要体现在期刊名称和期刊栏目设置不专业，缺少自明性，无特色。这一现象在高校主办的综合性期刊中尤其突出，其典型特征是高校主办的科技期刊往往以该高校的校名+"学报"命名，只在后面按学科（大类）等区分为自然科学版、社会科学版、理工版、医学版等，甚至有的高校综合性期刊可以同时刊登自然科学与工程技术类和人文社科类的论文。一旦校名变更，这类期刊名还需要跟着变更，无法形成固定品牌形象，更不能体现专业化特色，给读者和作者造成一种"大杂烩"的印象，最终造成自由投稿内容繁杂，大量不符合收稿范围的稿件不但使编辑部的稿件处理工作雪上加霜，还严重影响了优质稿源的吸纳，从而陷入"缺乏优质稿源"和"影响力不高"的恶性循环中。有人认为，高校办刊就是为了服务本校的学科建设，以校名为刊名也无可厚非，但是，高校科技期刊数占我国科技期刊总量的1/5以上，是我国科技期刊的重要组成部分。在建设世界一流科技期刊的历史背景下，高校科技期刊也是建设世界一流科技期刊的主力军，应该从专业化办刊的角度来思考转型，改变因特色不鲜明、专业特点不突出造成的"全、小、散、弱"现象。

第三，科技期刊科普化传播功能薄弱。目前，我国的科普期刊有250余种，约占我国科技期刊总数的5%，且以中文期刊为主，因此，虽然科普期刊是开展科学普及的重要载体，对于传播科学知识、普及科学理念、激发科学理想等具有不可替代的作用，但是，要实现科学普及、推广科学技术、传播科学精神的功能，仅靠少数的科普期刊是不够的。科技期刊作为我国科普事业的重要组成部分，是提升全民科学素质，形成良好科学氛围的重要力量。2023年，习近平总书记给"科学与中国"院士专家代表回信，对科技工作者支持和参与科普事业提出了殷切希望。作为传承人类文明，荟萃科学发现，作为引领科技发展的重要力量的科技期刊也要大力开展科普工作。然而，由于科技期刊缺少对科普工作的认知、缺少科普化传播的能力以及办刊工作精力有限等原因，科技期刊的科普化功能非常薄弱。

我国中文科技期刊起步晚、影响力低、运营管理模式落后、资源匮乏。推动中文科技期刊高质量发展，首先要从中文科技期刊办刊模式的升级转型入手，借鉴国际学术出版的成功模式，结合中文科技期刊的机制体制、管理模式、学术资源、编辑人才等现状，找准应对措施。

首先，要实现由传统的"小作坊"式运营模式向"编营分离"模式转变。中文科技期刊可以借鉴国外科技期刊的办刊经验，以市场为导向，顺应期刊进行"编营分离"的体制改革要求，形成期刊策划组稿与编辑出版相分离的管理模式。不同发展现状的科技期刊要根据自身发展情况和出版资源选择不同的经营方式。

（1）对于具有集群化经营潜力的科技期刊出版单位，可以将不同科技期刊的共同需求从编辑部分离并集中管理，实现"专业的人干专业的事"。按科学编辑、数字编辑、策划编辑、文字编辑等编辑角色培养期刊出版专业人才，积极引导编辑由"全能型编辑"向"专业型编辑"转变，通过专题培训和集约化管理，细化产业分工与协作，从而提升工作效率、降低运营成本。例如，西安交通大学期刊中心将学校主管的26种科技期刊实行统一管理，以"强内涵、大发展"为主题，致力于做精做强中文学术期刊、推动高质量英文新刊创办，不断践行"出精品、创名牌、举人才、促交流"的建设理念，打造集约化、专业化的"西交刊群"。

（2）对于经费较充足的科技期刊还可以采取合作办刊、平台加盟或全流程托管的新型管理模式①。其中，合作办刊模式是一种与国际期刊运营模式接轨的办刊模式。一般是科技期刊与高校、学会、科研机构以及其他出版社进行合作，高校等科研机构负责学术组织工作，如组稿约稿等，负责学术质量，而具有出版资质和平台资源的出版社则负责编辑出版和推广传播等工作。例如：《鸟类学研究》就是清华大学出版社与北京林业大学合作出版的科技期刊。平台加盟模式可以在不改变期刊的隶属关系的情况下，利用平台的服务和数据共享，实现不同主管主办单位之间的资源整合，如《中华妇幼临床医学杂志（电子版）》《中国心血管杂志》等期刊均以平台加盟方式加入中华医学会期刊集群。全流程托管模式可以提供贯通论文投审稿、内容结构化生产、数据仓储、资源发布、国际化推广及科学评价等全链条的期刊出版服务，并借助平台提高单刊的影响力和传播力。例如中国科技出版传媒股份有限公司（科学出版社）开发建设的SciEngine学术期刊全流程数字出版与知识服务平台，为一流期刊建设提供了良好的平台支持②。通过这些期刊管理模式，加盟的"单刊、小刊"实现了跨

---

① 张维，冷怀明，王治，等.国内重点科技期刊群集约化管理和运营模式研究[J].出版发行研究，2022，（12）：52-57.
② 科学出版社.SciEngine：助力中国科技期刊走向国际[EB/OL].[2024-03-23].http：//www.bjb.cas.cn/jcdt2016/201605/t20160516_4603002.html.

主管、主办单位的集群化发展。

（3）对于大多数缺少集群运营能力、办刊经费不足的单刊运营的编辑部，也可以通过优化单刊运营模式的方法提升期刊水平。例如，可以通过策划专栏专刊、定制个性化信息服务、充分利用免费的社交媒体等方式提升学术水平、扩大知识传播范围，在新媒体时代，不断提升自身的内容质量，进而吸引有影响力的学术成果，达到深耕细作、做精做强的目的。

总之，不论是哪种运营模式都是科技期刊根据自身发展需求，在运营模式上的探索成果，并且这类探索仍将不断深入。基于我国现行的出版管理体制机制和中文科技期刊的运营现状可以预料，在相当长的一段时间内，我国大多数中文科技期刊将以"单刊运营模式"为主、多种办刊模式并存的多元化发展模式，这将是一条符合中国国情的中文科技期刊多元化运营发展之路[①]，也是提升我国中文科技期刊整体水平的重要路径。

其次，要实现由编辑为主导的办刊模式向"编辑+学者"为主导的办刊模式转变。

（1）走"专家办刊之路"是提升科技期刊整体学术质量的有效途径。科技期刊的内容质量由稿件来源、编委和审稿专家的水平以及期刊的编辑标准等因素决定，顶尖的学者、专家参与期刊组稿、约稿、审稿等工作能够提高期刊的学术水平及办刊质量、扩大期刊的社会影响力。此外，中文科技期刊应充分调动各类学术资源，围绕期刊开展学术活动来聚集学术资源、培养审稿专家、

---

① 王治，霍春雁，刘培一. 我国中文科技期刊单刊多元化运营模式探析 [J]. 中国科技期刊研究，2022，33（9）：1239-1246.

组织优质稿件、吸引高水平作者投稿，最终将提升中文科技期刊的学术水平和社会影响力。

（2）中文科技期刊走专业化发展道路，不仅仅是要专业的人来办刊，而且要以服务学科为宗旨办专业的刊。有研究表明，综合性科技期刊的影响力是专业化期刊的一半，绝大多数知名期刊都是深耕某个领域的专业期刊，它们的共同特点都是密切关注科技前沿和学科发展动向，根据学科发展需要为切入点来设置栏目、策划主题。从国际一流科技期刊建设的发展趋势来看，加快科技期刊的专业化发展对于科技期刊的高质量发展至关重要。期刊特色是刊物在本领域所表现的独特价值。要改变中文科技期刊"小、散、弱"的现状，就要立足于更好地促进我国的科技发展的目标，从服务学科建设入手，找准办刊特色，坚持特色化办刊路线。中文科技期刊的发展需要与国际接轨，但也不能采用全盘照搬的形式，应该注意区分与国际期刊不同的发展背景，展现独特的"中国特色"。通过设计特色栏目、调整自明性差与期刊定位关联性不强的栏目来优化内容建设，形成学术定位，吸引和发展特定的读者群和作者群。编辑人员要紧跟学术前沿动态，通过设计栏目、策划选题等来强化办刊特色。

随着数字化程度的发展，一些综合性较强的科技期刊可以利用一体化的出版平台，对现有的出版资源进行二次整合利用，采取虚拟专辑的形式，利用微信、微博等社交媒体扩大传播。虚拟专辑是"综合刊、专业办"的有效手段之一，能在一定程度上将大综合期刊引向小综合期刊，它利用网络技术，将原本不同学科或相同学科不同研究方向的论文通过同类合并的形式再次整合，打造成虚拟专辑进行网络出版和精准推送，依托数字出版实现期刊知识服务能力的提升，全面推进了优质学术资源的整合和增值。

（3）中文科技期刊走专业化发展道路，还要建立规范的出版流程管理制度，提升市场化营销策略。中文科技期刊的发展不能忽视国家管理部门和出版行业的宏观管理，也不能忽视出版单位自身管理模式的创新，要采取宏观管理和微观管理相结合的方式。一方面，要坚持执行新闻出版规定的"三审三校"制度，从严管理出版流程。尤其是审稿流程，是期刊内容质量控制的重要环节，规范严格的审稿制度有利于减少差错事故的发生，保证编辑出版质量。另一方面，在新媒体出版和运营方面，中文科技期刊需要建立科学有效的管理制度和营销策略。随着一些网络出版物管理、电子出版物管理、版权管理制度和法规的出台，为了适应数字出版时代的到来，中文科技期刊应该及时建立与之相适应的管理体系，包括出版管理、人才管理、市场管理等方面。在新媒体背景下，传统科技期刊大多缺少数字化、网络化管理经验，尤其是缺少新兴媒体运营经验，因此，需要重新调整管理模式，针对传统出版流程进行再造，提高出版工作的整体效率。此外，还要培养或引进相关人才实现期刊的数字化转型，并尽快建立与培养目标相适应的人才管理体制。

四、重视出版技术应用，提升办刊能力

随着科技与社会的不断发展，我国的出版业正由传统出版向数字化出版转型，并且呈现加速转变的态势。数字化出版扩大了科技期刊的传播范围和用户群体，改变了出版流程，提升了科技

期刊的服务能力。推动科技期刊数字化也是创新运营模式的重要路径。

目前，大多数中文科技期刊的数字化程度还比较低。要加快数字化建设的步伐，一方面要培养具有数字素养的编辑人才，建立相应的人才激励机制，另一方面要将传统出版与新技术相结合，全力打造数字出版平台和科技期刊全流程数字出版，实现选题策划多元化、论文投审稿便捷化、编辑加工智能化、传播发行精准化等全链条数字化，提升知识服务能力。借助互联网技术，扩大推广传播途径和范围，加强知识产权保护，积极开展境内外版权交易，建设开放获取平台，提供文献审阅、翻译等增值服务，寻找多元盈利模式。

近年来，随着数字出版时代进入智能出版阶段，大数据技术和自然语言技术快速发展，人工智能生成式内容（AIGC）给原创内容质量带来了巨大的风险和冲击，不仅增加了科技期刊遴选优质内容和原创内容的难度，也对中文科技期刊内容质量管理和建设造成了巨大的阻碍。

尽管由于进入壁垒较高、收益不明显等原因，人工智能在科技期刊出版领域的应用还存在场景单一、技术层次较低、技术供给和需求不匹配等问题，但是从署名权争议到学术不端检测，人工智能生成内容已经引发了科技期刊在出版伦理风险、科研诚信、版权问题、数据安全等方面的诸多问题。科技期刊要适应数字化时代的变革，积极引进先进出版技术的同时，重视人工智能带来的挑战，增强数字化培训，加强数字伦理培养，提升数字创新能力，积极参与数字化项目实践，不断提升综合办刊能力。

第二节　出版内容创新

一、坚持"内容为王"的理念

"内容为王"是传媒界最为人熟知的基本理念之一，在 1990 年由美国维亚康姆（Viacom）公司总裁雷石东（Sumner M. Redstone）提出。雷石东表示："传媒企业的基石必须而且绝对必须是内容，内容就是一切。"他认为，在发行、广告、销售、渠道、技术、平台、品牌等众多因素中，内容才是核心因素，因为优质的内容可以创造品牌，可以成就未来。这被认为是"内容为王"（Content is king）的最初起源。

科技期刊作为承载科研成果的载体，是传播创新成果、传承创新思想、引领学科发展、促进学术交流、凝聚学者群体的重要阵地。科技期刊的内容决定了科技期刊的影响力，是科技期刊质量的核心要素和决定条件。要提升科技期刊的影响力，必须坚持"内容为王"。面对互联网的发展大潮，不论技术手段如何更新，"内容为王"依然是推动科技期刊发展的关键。大数据时代背景下，"内容为王"将高品质内容服务作为知识服务的切入点。人工智能、大数据等技术将进一步促进科技期刊的内容创新，实现服务增值。

中文科技期刊由于受语种的限制，稿源大多来自国内作者，期刊内容和热点方向必然有别于同领域的国际期刊。因此，中文科技期刊在经营管理理念上与国际接轨的同时，还要密切关注国际热点，找到与热点相关的具有中国特色的优质内容，从根本上提升中文科技期刊的影响力，更好地服务于我国的科技发展。

二、提升内容质量、加强品牌建设

（一）找准内容定位，凸显专业化特色

传播学科前沿技术信息，报道我国科技发展新成果、新动向是中文科技期刊的使命和责任，也应该是中文科技期刊创新工作的重要准则。党的二十大围绕"加快实施创新驱动发展战略"作出战略部署，排在首位的就是坚持"四个面向"。因此，中文科技期刊应该从面向世界科技前沿、服务国家重大需求的角度出发，找准内容定位，打破同质化现象，加速向专业化、特色化、精品化转变。落实到具体工作中，一方面就是要关注研究热点，聚焦发文范围，开展针对性的创新组稿、约稿工作，这是解决科技期刊优质稿源不足问题，夯实高质量发展基础的重要手段，中文科技期刊可以向本刊的编委、获得国家级重大研发项目的课题组约稿、可以利用行业会议等向一线科研人员约稿，并刊登具有高学术影响力的热点论文，使期刊能够反映业内最新科研动态和最高水平的研究成果；另一方面就是要服务一流学科建设，凝聚学科发文范围、强化学术性，助力学科发展的同时加速期刊专业化进程。

（二）发挥人才培养功能，培养优质作者

中文科技期刊的服务对象大多是我国的科研工作者。因此，除了向国际传播前沿科技、展示中国科技的责任外，中文科技期

刊还肩负着为我国现代化建设培养科研人才的使命。青年科学家是科技创新发展的中坚力量，中文科技期刊要助力青年学者成长，为青年学者提供优质的知识服务，开展科技论文写作、版权教育和科研诚信建设等专业技能培训，提高作者群体的科研能力和写作能力，同时，与高水平作者群体加强联系，通过参加国际国内专业会议、举办编委会、学术研讨会等构建开放的、可持续的学术生态圈，增加作者黏性，形成一致的学术理念和办刊理念，培养优质的核心作者群。

（三）利用数字平台，开展优质选题策划

选题策划是科技期刊办刊理念和办刊方向的集中体现，是彰显期刊特色、塑造期刊品牌的重要途径。中文科技期刊要坚持专业化办刊思路，聚力选题策划，注重聚焦学术前沿和重大现实问题，将本土意识与全球视野相结合，助力科学发现，服务社会需求。以热点敏感性、学术引领力为核心，提升学术话题策划、学术话语创新等能力。全媒体时代，人们接收的信息不断丰富，常规的选题和内容势必会在丰富多彩的信息中被淹没，无法吸引读者关注。精准的选题策划才能为期刊吸引优质稿源，打造精品内容，提高期刊的学术效应、社会效应和经济效益。

要做好选题策划，要注意以下两方面：一是注重选题的前沿性和引领性。在话题源源不断、热点层出不穷的当下，不能盲目跟风，要坚持正确的主流导向，聚焦可持续性的选题，形成专业特色和学术积累。二是要进行选题策划创新，积极借助数字平台、大数据分析技术等提高选题质量和效率。在大数据时代背景下，网络多媒体化，信息传输网络化，信息处理越来越智能化，科学化、数据化和智能化选题策划越来越受到重视，期刊编辑要运用这些网络工具和网络信息资源进行选题策划。人工智能对海量数据资源的信息采集与分析过程中的优势非常明显。充分利用各大数字平台、大数据分析、人工智能等技术筛选热门话题，判断学科发展趋势，可以使选题更精准化、便捷化，通过数据分析模型，跟踪读者阅读偏好、分析读者反馈用户评价信息等，可以判断选题的前瞻性、可行性，评估选题的科学性、创新性，可以大大提高选题策划的时效性和可控性，从而提高选题策划效率。

（四）减少语言障碍，提升期刊的国际可见度

增加英文元素，加长英文摘要等双语出版模式也是中文科技期刊内容创新的主要形式之一。与英文刊相比，中文科技期刊由于语种的限制，在国际传播能力和影响力方面还比较弱。对于中文科技期刊，要提高国际影响力，除了提升汉语表述水平以外，还要同步推出英文版本，增加英文元素，从而减少语言障碍，提高期刊在国际上的可见度。目前，国家从政策上鼓励中文科技期刊提供英文长摘要、加强期刊外文或双语学术网站建设，支持学术期刊根据学科发展和学术交流的需要创办外文或双语学术期刊等等。基于此，中国科协发起了"科技期刊双语传播工程"，组织一批具有一定国际化办刊基础的中文科技期刊，支持其通过双语对照出版、双语长摘要发布，以及建立双语网站、加入国际数据库等模式，更加有效传播中国的科技学术成果，促进中外学术交流与合作，强化中国期刊国际学术引领力。

第三节 优化评价体系和审稿机制

目前，我国的科研考核评价机制依然是重视被引频次、轻视应用价值，重视国外期刊、轻视国内期刊，对SCI论文的数量和指标过于依赖，不仅违背了传播科学知识的初衷，也导致大量优质稿源的外流，这严重阻碍了我国科技期刊的良性发展，使之不能很好地为国内科技交流和经济建设提供知识服务。

一、优化学术评价体系

学术机构在学科、职称、项目、成果评价与评审中，将各种评价机构的来源期刊、数据库作为重要参考依据，使其逐渐成为学术评价工具。学术评价导向是导致我国优秀科技论文大量外流的重要原因之一，也是中文科技期刊对优质稿源吸引力不足的重要原因。

由于国外的评价体系经过200多年的发展，已经形成了较为成熟的、具有世界影响力的评价机制，而我国的评价机制建设起步较晚，受国外评级机构影响较大，缺少自主性，过度依赖SCI指标，形成了"唯论文、唯SCI论"的评价风气。因此，要打造世界一流的期刊，让一流学科的研究成果写在中国的大地上，一流学科建设的考核与评估就不能只依靠国外SCI评价体系，要促进学术评价标准多元化，建立国主导的科学的、统一的、具有权威性的评价体系，充分发挥国内期刊评价体系功能和作用。

2019 年，中国科协发布《分领域发布高质量科技期刊分级目录实施方案（试行）》，倡导国内外科技期刊"同质等效"，以提升国内期刊的影响力，这是建设我国学术评价新体系的重要举措。构建完善的评价体系是个长期的过程，随着时代的变迁、科学技术的不断进步、需求的不断升级，学术评价体系建立以后，还需要不断完善，以适应科技期刊的发展需要。

中文科技期刊是支持科研人员成果交流、提高科技攻关能力的重要传播载体，推进中文科技期刊的高质量发展是期刊工作者的使命。期刊同质等效是吸引优质稿源在中文科技期刊上发表的重要因素，对进一步提升中文科技期刊的内容质量、传播力和影响力非常重要。服务创新发展，就要尽快建立以创新为导向的、多元化的科研评价机制，重视中文科技期刊在科研评价中的正性激励因素。

二、优化审稿机制，提升学术质量

学术质量是科技期刊高质量发展的基础和核心，而规范的审稿机制是学术质量的保证。正确判断稿件的创新性、科学性是提升科技期刊学术质量的基本要求。"三审制"是保障学术质量的重要制度，涉及编辑、外审专家和编委等人员。编辑和编委掌握选题方向、出版内容，在审稿中承担着初审和终审的责任。建立稳定、专业的外审专家队伍是客观、准确判断稿件创新性、科学性的重要保证，采取及时有效的审稿措施，建立规范的审稿流程，对吸引作者投稿、扩大稿源，提升稿件质量具有促进作用，有利于形成良好的"编辑＋专家＋学者"学术生态，促进科技期刊的可持续发展。

随着信息技术的快速发展，期刊审稿也产生了新的审稿方式，目前，通过网络实现了远程审稿，不但改变了传统的纸质审稿模式，而且加快了审稿进度，缩短了审稿周期，并且通过系统保存了审稿记录，实现责任到人、有迹可循的管理效果。利用网络技术和智能工具可以快速查找审稿专家，避免熟人、小同行审稿造成的学术不端等隐患，减少人为因素造成的误判，体现审稿的公平公正性，提升期刊的学术质量。此外，要建立科技期刊诚信体系，建立健全科技期刊审稿流程。合理规范的审稿制度建设可以预防学术不端，增加科技期刊的公信力，增强用户对期刊的信赖感。

第四节　编辑人才培养模式创新

人才是事业发展的基本保障，高素质优秀人才是科技期刊创新的动力，是期刊的核心竞争力。科技期刊要高质量发展，对最新研究成果进展加强报道，就需要一批具有专业背景、较高学术水平、接受过专业训练的从业队伍。编辑人才队伍建设与科技期刊发展水平息息相关，其意义重大。建设一支结构合理、复合型、多层次、高水平的编辑人才队伍是高质量科技期刊的衡量标准，也是科技期刊高质量发展的重要举措。

一、传统期刊编辑的局限性

长期以来，我国科技期刊编辑工作以文字加工和规范化、标准化为主。随着计算机、新媒体等技术不断融入期刊出版，科技期刊编辑的工作内容越来越丰富，除了文字加工外，选题策划、数字出版、增强出版、内容二次传播、知识服务等逐渐成为融媒体时代科技期刊编辑工作的主要内容，从而在传统编辑角色特征的基础上产生了一些新的科技期刊编辑角色，如学术编辑、策划编辑、技术编辑等。[①]这对编辑从业人员的职业化要求越来越高。然而，大多数传统编辑对于数字出版的发展持观望态度，就算已经认识到数字出版是未来必然的发展方向，也不愿意改变传统的运行模式，不愿意学习和应用数字出版技术。究其主要原因，一方面是主管、主办单位对编辑队伍建设重视不够，编辑地位边缘化，编辑待遇较低；另一方面是期刊编辑人员老化问题普遍较严重，青年编辑人才培养力度不足，缺少激励机制，大多科技期刊缺乏具有创新能力的新时代编辑人才，不仅不能满足行业发展需求，而且直接影响科技期刊的长期快速发展。

目前，编辑从业资格评价采用职业资格考试的形式，大多数科技期刊编辑来自不同专业、不同学科，并不具有编辑出版学科背景，缺少出版专业技能的培养，新时代的科技期刊出版急需培养一批具有出版专业知识储备的新生力量。

编辑继续教育是提高编辑能力与素质的重要途径。我国也已

---

① 赵俊，邓履翔，郭征，等.科技期刊编辑的本质属性与角色定位[J].编辑学报，2023，35（2）：130-134

建立了制度化的编辑继续教育培训体系。2022 年 4 月 25 日，国家新闻出版署、人力资源社会保障部等印发《新闻专业技术人员继续教育暂行规定》，提出构建分工明确、优势互补、布局合理、开放有序的继续教育培训体系；明确继续教育每年累计不少于 90 学时，其中专业科目学时一般不少于总学时的三分之二；并强调将继续教育情况作为年度考核评价、岗位聘用的重要依据。但是，仍然存在继续教育效果不理想的问题，继续教育制度有待进一步优化，继续教育内容有待进一步丰富和统筹，以促进继续教育培训体系的日趋完善。

二、期刊编辑人才培养策略

关于编辑人才队伍的建设，期刊界已经展开了广泛的讨论。一些学者认为，要从"复合型"人才的角度培养，新时代的编辑不但要具备学术型科研能力，能把握科技前沿热点，参与科研创新活动，还要具有专业技术性能力，熟练掌握编辑出版规律和出版新技能，成为"能文能武"的全能型编辑。[1]还有一些学者则认为，编辑要具有专业性，通过提高编辑的职业素养使"编辑职业化"[2]，要按岗位职责分别制定培养方案，打造个性化的期刊人才队伍职业化成长通道，针对学术编辑、美术编辑、技术编辑、策划编辑、文字编辑等建立多体系的培养方案。

---

[1] 孔文静 . 媒体融合时代高校学报复合型编辑人才队伍建设路径探析 [J]. 传播与版权，2024（5）：7-10.

[2] 周江川 . 建设世界一流科技期刊亟需职业化编辑 [J]. 科技与出版，2019（6）：150-152.

科技期刊要走多元化发展的道路，需要建立高素质人才的培养方案。黑猫、白猫，能抓老鼠的就是好猫。不论是"编辑学者化"，还是"学者编辑化""编辑职业化""编辑市场化"，其实都并不矛盾。[1][2] 现有的科技期刊编辑一般具有不同学科的专业背景，已具备学者的基本素质，可以参与科学研究，与科学家平等对话。对这些编辑，应该在考核评价机制上给予支持，引导他们成为科学编辑，使其既具有编辑的职业属性，又有一定的科学素养。而对于有意愿参与办刊的学者，也要建立人才流动机制，提出合理的绩效考核方案，提高学者参与办刊的积极性，从制度上确保其能投入相应的时间和精力，担负相应的岗位职责，避免使期刊沦为学者个人的出版资源，成为学术资源交换的媒介、学术不端的温床。

在新媒体时代，培育创新型、复合型编辑是新时代编辑出版人才培养的目标。这一目标无疑具有时代特色，符合当前出版产业的发展模式。但是，编辑既要成为"杂家"又要成为"专家"，既要编校过关又要学术过硬，这一矛盾、对立如何才能实现统一呢？科技期刊编辑自身的知识储备和已有条件是否能满足既"专"又"精"的要求呢？

（1）国家管理部门要建立编辑人才良性发展的机制体制，把国家政策方针转化为切实可行的管理措施，借鉴科学的管理模式，保障期刊编辑的发展，激发编辑的积极性，促进编辑的自我提升。设置人才成长路径，以开展编辑业务培训、业务竞赛等方式提升

---

① 管琴.编辑学者化路径再思考[J].科技与出版，2024（2）：94-100.
② 谷德润."编辑学者化"还是"学者编辑化"[J].编辑学报，2008（5）：458-460.

编辑业务能力和实践能力。加强编辑学研究项目的资助力度，增加编辑学研究经费，增设编辑人才项目，打造研究型编辑人才，提升编辑理论素养和研究能力。重视编辑工作价值，提高编辑人员待遇，在薪酬待遇、职称评聘、人才计划等方面与科研教学岗位同等职级保持一致。

（2）不断优化科技期刊编辑人员结构。第一，加大出版专业高层次人才培养，提升出版学科地位，提高编辑职业化程度和专业化程度，提高行业学术会议和专业培训的标准化、专业化和规范化，形成一支数量多、能力强的编辑队伍；第二，按需配备科技期刊编辑部人员编制数量，改变现有单刊编辑部人员不足、结构不合理、专业人才匮乏的现状，使科技期刊编辑工作模式向职责明确、角色定位清晰的数字化、流程化、专业化发展；第三，建立多劳多得、优劳优得的薪酬体系，吸引优秀的年轻学者、专业人才加入编辑出版行业，特别是懂技术、会运营管理的人才，增加人才储备，不同身份性质的编辑人员之间应按照同工同酬的原则制定薪酬标准，建立绩效奖励制度，对具有创新劳动成果的工作进行奖励，减少编辑出版专业人才流失，不断扩大编辑队伍。

（3）从编辑个人的角度而言，要做好以下几个方面。一是培养创新意识，不断提高自身的创新能力；二是不断提升自身政治素养和职业素养，增强政治把关能力，履行学术伦理道德监督职责；三是不断提升出版专业能力，如策划能力、语言文字能力、信息技术能力等，这是科技期刊规范性的保障；四是从个人条件和兴趣爱好等出发，找准适合自身发展的培养目标，充分利用国家、出版单位提供的培养环境，积极提升专项技能，以特长促发展，满足新时代科技期刊融合出版的时代要求。

2021年9月，在中央人才工作会议上，习近平总书记明确提出，要深入实施新时代人才强国战略，加快建设世界重要人才中心和创新高地。[①] 党的二十大报告指出：教育、科技、人才是全面建设社会主义现代化国家的基础性、战略性支撑，必须坚持科技是第一生产力、人才是第一资源、创新是第一动力；要持续推进文化自信自强，铸就社会主义文化新辉煌。[②] 新时代科技期刊编辑人才是我国科技期刊高质量发展的重要支撑。历经新时代新征程，科技期刊编辑迎来了巨大发展机遇，也面临着更大的挑战，研究科技期刊编辑的核心本质，明确期刊编辑角色定位是科技期刊人才培养的新要求，将有利于建立健全具有中国特色的编辑机制体制，形成中国式科技期刊编辑部模式。编辑个人也要立足自身特点，立志在科技期刊出版产业化进程中成为防范学术不端的"守门人"、科学研究的合伙人、知识服务的主导人，让自己成为培育世界一流期刊的生力军中的一员。

---

① 习近平.深入实施新时代人才强国战略，加快建设世界重要人才中心和创新高地[N].人民日报，2021-09-29（01）.

② 习近平.高举中国特色社会主义伟大旗帜　为全面建设社会主义现代化国家而团结奋斗——在中国共产党第二十次全国代表大会上的报告[N].人民日报，2022-10-26（01-05）.

第三章
CHAPTER 3

中文科技期刊融合发展路径

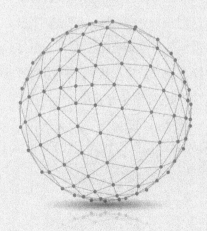

2015 年，国家新闻出版广电总局、财政部印发了《关于推动传统媒体和新兴媒体融合发展的指导意见》。自此，我国媒体融合进入了快速发展的轨道。

"十三五"是我国传统出版与新兴出版融合发展的重要阶段，在此期间，科技期刊坚持守正创新，强化内容建设，加快融合发展，为社会主义文化强国建设提供了重要支撑。"十四五"以来，为了推动出版业高质量发展，深入推进出版强国建设，国家新闻出版署印发了《出版业"十四五"时期发展规划》，针对数字出版，融合发展提出了"产业数字化水平迈上新台阶、内容生产传播数字化水平显著提升"的新目标。研究数字出版技术、探索科技期刊的融合发展路径对实现科技期刊的高质量发展意义重大。

第一节　数字出版与媒体融合

一、媒体融合和数字出版的概念

媒体融合理论是数字出版的主要理论。"媒体融合"（media convergence）这一概念最早由美国马萨诸塞州理工大学的Pool教授提出，是指各种媒体呈现出多功能一体化的趋势。[①]从字面上看，媒体融合指的是传统媒体和新兴媒体的融合发展。事实上，媒体融合的概念分为狭义和广义两种，狭义的媒体融合是指将不同形态的媒体重新组合，产生质变，形成一种新的媒体形态，如数字杂志、手机新闻等；而广义的媒体融合包括一切媒体及其有关要素的相互渗透及融合，它不仅包括媒体形态的融合，也包括媒体功能、传播手段、所有权、组织结构等要素的融合。[②]

数字出版是指利用数字化技术进行编辑加工，并通过网络传播内容产品的一种新型出版方式。[③]数字出版的概念有多种定义，但其主要特征是一致的，即编辑、复制、传播的内容的数字化，管理过程数字化、产品形态数字化、传播过程的网络化及传播方式的个性化。

[①]　郭毅，于翠玲.国外媒体融合及其相关概念研究[J].现代出版，2013（6）：162-163.

[②]　刘结玲.媒体融合研究新进展综述[J].中国传媒科技，2013（4）：1-2.

[③]　关于加快我国数字出版产业发展的若干意见[EB/OL].[2024-03-24] https://www.gov.cn/gongbao/content/2011/content_1778072.htm.

在媒体融合的大环境下，数字出版不再是简单的数字化，期刊内容因为数字技术的进步得到了新的拓展，获得了新的发展契机。媒介融合环境下的期刊出版正不断探索创新，整合各种资源，建立新的出版模式，构建媒体融合平台，将内容增值最大化。

二、科技期刊媒体融合发展历程

我国的媒体融合萌芽于 20 世纪 90 年代中期，经过多年的发展，从模式单一的状态，发展到传统媒体与新媒体在内容、渠道、平台、运营、管理等方面的深度融合，并随着人工智能时代的到来，有向智能化全媒体融合发展的趋势。

（一）科技期刊数字化时期（20 世纪 90 年代中期至 2009 年）

20 世纪 90 年代中期，随着计算机技术的发展，我国科技期刊尝试利用计算机技术开展期刊数字化、信息化建设。进入 21 世纪，在互联网技术的推动下，传统科技期刊利用自身资源和互联网开始数字化传播。在传统科技期刊与网络接触的初期，科技期刊大多是将纸质的内容通过电子化，以图片、文字、网页的形式展现。一些科技期刊从借助中国知网、万方数据、维普数据等平台，逐渐过渡到自建网站与外界进行连接，用户通过搜索、下载文献，实现从纸刊的订阅到邮件订阅的转变，同时也提升了文题、关键词等信息词在文献检索、下载引用中的作用，电子刊应运而生，从而改变了科技期刊的订阅模式、评价体系。此外，一些技术开发商抓住发展机遇，开始开发远程投审稿系统，促进科技期刊的稿件管理网络化、审稿流程信息化。这是我国科技期刊实现数字化的从无到有，从信息化到数字化发展的重要阶段。

从这个阶段来看，互联网的应用是影响科技期刊数字化发展的重要因素，也为传统科技期刊的媒体融合发展提供了一定的基础。只是在这个初级阶段，新媒体还未成为主要渠道，科技期刊的媒体融合是相对静态和单一的，仅仅是科技期刊将传统纸质期刊转化为数字化文件。

（二）科技期刊融合发展初期（2010—2014 年）

从 2010 年起，我国的 3G 网络全面普及，2012 年，4G 网络开始大规模投入建设。在这一阶段，网络速度大规模提升，智能手机逐渐普及。同时，微博成为我国互联网发展最快的应用程序，2010 年被称为"微博元年"。2011 年 1 月 21 日，微信正式上线，2012 年，微信公众平台上线。网络的快速发展，智能终端的普及以及包括微博、微信等新媒体形式的快速发展，改变了用户的阅读习惯，科技期刊正式进入融合发展期，科技期刊与新媒体之间的互动更深入，涉及面更广。一些科技期刊通过开通微博、微信公众号、短视频等，开展用户服务，缩短文献传播路径。虽然科技期刊的融合发展初期时间较短，但是改变了科技期刊的转型发展方向，促使科技期刊向融媒体发展的进一步深入。

2013 年被称为大数据时代之年，大数据的特征是数据体量大、数据类型多、处理速度快、价值密度低。大数据对科技期刊的冲击巨大，不仅体现在对科技期刊管理、出版流程的创新上，还体现在数据的快速传播、交互使用上，体现在科技期刊运营能力不足，缺乏市场竞争力上。

（三）科技期刊融合发展成熟期（2014—2018 年）

2014 年则被称为"融合元年"。《关于推动传统媒体和新兴媒体融合发展的指导意见》的通过意味着我国对媒体融合的高度重视，媒体融合进入全新的发展阶段。以"两微一端"（微博、微信、客户端）为代表的社交媒体成为大部分媒体融合发展的典型模式。网络技术改变了人们的阅读习惯，为了顺应读者碎片化的阅读需求，科技期刊必须改变出版模式，以智能手机和移动设备为载体，根据人们的阅读习惯呈现期刊出版内容。

这一阶段，与网络数字出版时期相比，科技期刊的出版流程在传播途径、内容呈现形式方面具有更多移动、精准的特征，从单方面的内容呈现向交互式转变，在对用户行为进行精准画像的辅助下，针对用户进行内容的调整和精准推送，成为科技期刊融合发展的新功能。由生产平台、稿件管理平台、发布平台组成的数字出版平台的建设成为促进科技期刊融合发展的必要基础，也成为衡量科技期刊融合发展水平的标志。

（四）科技期刊融合快速发展期（2019年至今）

2019年，科技部等六部门印发《关于促进文化和科技深度融合的指导意见》，强调要"促进内容生产和传播手段现代化""推动媒体融合向纵深发展"。2021年12月，《出版业"十四五"时期发展规划》正式发布。"产业数字化迈上新台阶"作为具体目标之一被提出，"壮大数字出版产业"作为重点任务进行部署。规划指出："十四五"时期，将围绕着力推出一批数字出版精品、大力发展数字出版新业态、做大做强新型数字出版企业、健全完善数字出版科技创新体系四个方面做好工作，进一步明确了壮大数字出版产业的基本路径，提供了基本方向和具体工作抓手。显然，数字出版产业作为壮大出版业发展的重要新引擎，在出版强国建设中扮演重要角色。2022 年 4 月 24 日，中宣部印发《关于推动出版深度融合发展的实施意见》。该意见提出：加强前沿技术的探索和应用，促进成熟技术的应用推广，健全科技创新应用体系。

自 2022 年 11 月人工智能语言工具 ChatGPT 火速引爆人工智能内容行业以来，人工智能的快速发展迅速引起了各行各业的广泛关注。人工智能技术在出版业的介入加速了数字出版从复制化阶段、大数据阶段向智能化出版发展的进程，促进了出版业的市场化、规模化、产业化发展。

在政策的引导以及区块链、云计算、人工智能等新技术的推动下，科技期刊的媒体融合迅猛发展，正由数字平台搭建的基础建设阶段过渡到知识服务的建设阶段，科技期刊围绕用户需求来提供具有专业化、垂直化、定制化的知识服务。要建设完善的知识服务体系，靠单刊的力量难以实现，期刊集群化建设成为科技期刊转型发展的重要路径。一方面，要密切关注技术发展前沿，用好信息技术革命成果，强化大数据、云计算、人工智能、区块链等技术应用，创新驱动出版深度融合发展，另一方面，要集中出版资源，统筹管理，大力建设期刊集群，构建"产、学、研、刊"的学术生态圈，实现科技期刊的多元化发展。科技期刊的融合发展与集群化建设相互促进，密不可分。

三、科技期刊媒体融合发展的必然性

（一）数字出版是传统出版发展的必然趋势

在传统出版的模式下，科技期刊以纸质媒介为主，大部分科技期刊所谓的数字化只是将期刊的电子文档提供给中国知网、万方数据等大型数据库，供读者检索和下载阅读，虽然一些科技期刊开通了网站、微信公众号、微博等平台，但其发布内容一般是整期目录等基本信息，信息传播速度慢、成本高、范围窄，更无法做到精准传播。然而，在互联网+时代，用户借助互联网及多种终端希望获得更多的、及时的、快速的、精准的信息，实现个性化的知识服务和知识转化，显然，这种依托单一的媒体形式进行信息传播的方式无法适应社会发展的需要，传统出版必须主动迎接挑战，探索符合自身发展的道路，以顺应新时代的用户需求。数字出版改变了科技期刊的出版流程和传播生态，数字出版与传统出版的全面融合是数字化转型的必然选择。因此，科技期刊应该综合运用全媒体方式，加强与新媒体在内容、服务、传播方式等方面的全面融合，以用户需求为导向，形成立体化的营销方式，实现真正意义上的数字出版。

（二）媒体融合是科技期刊转型发展的必然趋势

目前，中文科技期刊还存在"小、散、弱"的现状。为了增强竞争力，实现建设世界一流科技期刊的目标，科技期刊必须走集群化、平台化的转型发展路线。新媒体的发展给科技期刊的转型发展带来了机遇。从媒体发展格局来看，越来越多的人通过新兴媒体获取信息，媒体融合不仅仅是信息传播渠道的多元化，更是传统科技期刊突破办刊理念、体制机制等多种因素的制约，实现转型发展的迫切需要。传统科技期刊在内容、形式、传播维度等方面要从静态转向动态、从单一转向多元，必须借助新媒体的力量，这是科技期刊走出发展困境的现实选择。

第二节　数字技术在科技期刊出版中的应用

技术是科技期刊出版变革的关键力量。在数字化出版时期，电子出版是电子计算机与出版活动结合的产物，计算机是纸质科技期刊电子化的重要工具；进入融合发展时期后，数字出版是数字技术（信息技术、网络技术等）与出版活动结合的产物，数字技术带来了产品、服务、管理、出版流程、出版模式等一系列的变革，以数字技术为手段、互联网为媒介的新媒体正逐渐渗入并改变着科技期刊的出版形式，带动了整个数字出版产业的发展；进入人工智能时代后，智能出版是大数据、人工智能等技术与出版活动结合的产物，智能出版的应用场景除了可以提供数据出版、AR出版等智能出版产品和服务外，还可以扩展到出版全流程，可以说，人工智能赋予了科技期刊出版新活力，是科技期刊快速发展的新动力。

中文科技期刊的服务对象多是针对中文作者和读者，因此，中文科技期刊采用的数字出版技术产品多由国内技术服务商提供，已经建成一些包含投审稿系统、XML结构化排版系统、发布及传播系统的全流程在线处理平台。

一、国产全流程在线处理平台

（一）投审稿系统

21 世纪初，随着信息化、网络化的进一步发展，国内技术开发商开始了网络投审稿系统的开发。投审稿系统能实现从作者投稿、同行评议、文章修改到发稿的稿件审稿全流程管理，是期刊信息化和数字化的基础平台。它规范了审稿工作流程，作者在线投稿、编辑在线办公、专家在线审稿模式大大提高了期刊论文的处理效率，促进了期刊与读者和作者之间的信息交流。

目前主流的采编系统有北京玛格泰克科技发展有限公司（简称北京玛格泰克公司）的"JournalX投审稿系统"、西安三才科技的"三才期刊采编系统"、中国知网的"腾云科技期刊协同采编系统"、北京勤云科技发展有限公司的"勤云远程稿件处理系统"。这些采编系统大多经历了由单机版到网络版、从单刊到多刊的不断升级，不但能满足期刊办公自动化的需求，而且都陆续推出其他相关产品和服务，帮助期刊分享网络资源，例如，北京勤云科技发展有限公司推出了"期刊界"垂直搜索引擎、分布式期刊集群平台、自引互引控制器、参考文献校对系统、期刊引证报告等产品和服务。西安三才科技推出了参考文献辅助编校系统、移动办公、精准推送、引用跟踪报告等服务。北京玛格泰克公司已更新了第四代期刊稿件采编系统（JX3），推出了"网刊发布系统""期刊集群化平台"和个性化推送服务等，还提供了多种辅助工具，包括智能投稿、审稿专家评价、稿件版本比对、学术不端检测、推荐审稿人服务、全球约稿服务和管家式服务等，订购该公司服务的期刊已达到 2000 多种，其中绝大多数期刊为中文期刊，北京玛格泰克科技发展有限公司已成为国内最大的中文期刊投审稿系统服务商。

近年来，随着云计算技术的发展，出版流程信息化水平的不断提升，基于云服务的投审稿系统应运而生。例如，北京仁和汇智信息技术有限公司（简称北京仁和软件）开发了投审稿云平台、北大方正电子有限公司（简称北大方正）推出了方正鸿云投审稿系统、中国科技出版传媒股份有限公司（科学出版社）推出了科技期刊投审稿系统SciCloud。这些一体化融合出版平台以"结构化"和"在线"为主要特征，从生产、呈现、融合、交互、传播、知识服务等角度，不但使科技期刊实现了在线投审稿、在线生产管理，还实现了XML结构化排版、信息自动发布与推动、微信媒体融合等功能，全面实现了科技期刊数字出版、发布、传播的全流程的升级改造和优化。国内采编系统对比见表 3-1。

表 3-1　国内采编系统对比

采编系统	开发时间	用户数量 / 个	学术不端检测	参考文献审校	特色
玛格泰克（JournalX 3.0）	1999 年	> 2000（中文）> 270（英文）	万方	CrossRef	模块成熟、高安全性、高灵活性、可个性化柔性定制
腾云编辑出版平台	2010 年	> 3000	CNKI	CNKI	学术社交圈的移动平台（掌上腾云 APP）
勤云远程稿件处理系统 8.0	2002 年	> 1000	CNKI、万方	CNKI、万方	稳定、易用、植入全球第一期刊垂直搜索网站"期刊界"

续表

采编系统	开发时间	用户数量 / 个	学术不端检测	参考文献审校	特色
三才采编系统 P20	2005 年	> 1000	万方	NoteFirst	参考文献编校服务、HTML&XML 一体化排版服务
北大方正鸿云采编系统	2018 年	> 1000	万方	方正智能审校	出版全流程数字化，与鸿云 XML 排版、发布与传播和精准推送系统无缝衔接
北京仁和 SoWise 投审稿平台	2014 年	> 1000	CNKI、万方、SoWise	SoWise	一体化融合出版平台

经过 20 多年的发展，绝大多数中文科技期刊已经通过购买这些商业软件实现稿件的网络化管理，并通过自建或者购买网络管理服务的方式构建了门户网站，提升了期刊的信息化水平。随着出版云平台产品的推出，一些中文科技期刊引进先进平台技术，对期刊的稿件管理、生产流程管理以及在线发布进行了技术升级，实现了出版全流程的数字化。

（二）XML 结构化排版系统

可扩展标记语言（Extensible Markup Language，XML）是标准通用标记语言，是描述数据和交换数据的有效手段。近年来，XML 结构化已经成为期刊界数字化发展的主流方式。XML 结构化排版是指借助 XML 计算机软件和语言技术，通过建立规范的信息格式和标准，将期刊内容与样式分离进行实时的结构化生产和编辑，使得经过标引的文件或元数据形成资源储备，在独立于文件格式之下实时变更、适应不同媒介进行发布的一套现代出版生产体系。①与传统出版相比，XML结构化数字出版具有标准规范，一次制作、多元发布，按需重组、高效出版的优势②，将采编、编辑加工与排版生产、网络发布和信息服务相结合，能较好地满足数字出版的要求，是科技期刊实现多媒体出版的重要基础。

目前，北大方正、北京仁和软件、中国科技出版传媒股份有限公司（科学出版社）、西安三才科技等均推出了XML结构化排版系统。国内一些科技期刊已经采用他们提供的排版技术服务实现了XML结构化排版，省略了传统排版中的后期数据加工环节，显著缩短了论文上网的周期，实现了多平台多媒体的内容即时发布，提高了出版效率。同时，碎片化的数据使文章内容能够更准确、直接地被检索，从而提升被阅读与引用的概率，扩大期刊的覆盖范围与影响力；而且，标准化的XML数据使期刊编辑部与国内外主流数据库之间的数据交换更便捷、更高效。

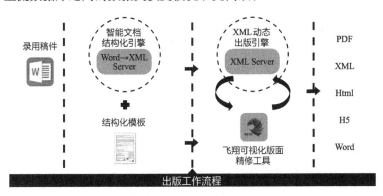

图 3-1　北大方正学术出版服务平台 XML 排版流程图

① 刘冰,游苏宁.我国科技期刊应尽快实现基于结构化排版的生产流程再造[J].编辑学报, 2010, 22（3）: 262-266.
② 蒋晓, 谢暄, 叶芳, 等. 基于XML的科技期刊一体化数字出版流程[J]. 传播与版权, 2018（1）: 104-107.

（三）发布及传播系统

由于科技期刊普遍存在媒体运营人员不足，技术力量薄弱等问题，大多中文科技期刊的网刊发布形式仍以门户网站发布和大型数据库收录为主，具有多终端的融媒体发布形式的科技期刊较少。中文科技期刊合作的数据库主要集中在国内各大数据库，例如CSCD、中国知网、万方数据、维普、超星等，与国际主流的数据库（Web of Science、EI、Scopus、DOAJ、PubMed等）的合作较少，例如被Web of Science收录的中文科技期刊只有几种，被EI数据库收录的中文科技期刊只有250多种。中文科技期刊要加快"走出去"的步伐，还需要和这些国际主流数据库加强联系，寻求进一步的出版合作。

中文科技期刊的门户网站以自建网站和技术服务商统一构建为主。期刊通过网站上的网刊信息发布系统，实现最新录用、优先发表、当期目录、过刊浏览等各种文章分类导航，实现结构化元数据、图表制作、全文检索，实现关联阅读与延伸阅读，实现分享推广，实现可扩展支持等多种功能。但是，自建网站往往存在功能较单一、运维人员不足、更新不够及时等问题，而技术服务商统一构建的网站则不能体现期刊特色，存在"千网一面"的特点。

随着网络和智能化移动终端设备的迅速普及，碎片化、多终端的阅读模式成为主流，纸质印刷不再是科技期刊唯一的发布方式。通过全流程出版平台，科技期刊不但可进行单篇优先数字出版，将论文优先发布在期刊的门户网站或知网等数字出版平台上，还可通过各种终端及时发布摘要、视频导读、全文等信息，实现如微博出版、微信公众号出版以及APP出版等。采用多终端即时发布可以大大缩短出版时间，提高知识传播速度，获得越来越多的关注。一些期刊采用二维码的形式将官方网站与微信公众平台进行跨媒体融合，通过扫描二维码，用户可以从期刊网站进入手机阅读模式，满足用户碎片化、多终端阅读的需求，并实现实时转发等功能，扩宽传播路径。

因此，中文科技期刊一方面要积极探索新的期刊运营模式和发布模式，挖掘自身特色，提高网络辨识度，另一方面，还要通过大数据、人工智能等先进技术开展科技期刊数字出版平台建设，实现从单一的内容出版到为用户提供更多的个性化信息、知识服务的转型。除了具有资源发布、展示功能外，数字出版平台还支持增强出版、数据出版等新型出版模式，提供智能推荐、学术画像、知识图谱标识、科研趋势分析等知识服务功能。为终端用户提供更多资源检索、传播、评价等功能的高水平数字出版平台是科技期刊高质量发展的重要支撑。

借助2019年中国科技期刊卓越行动计划集群化试点项目的扶持，近五年来建成的国内优质数字出版平台主要有中国激光杂志社建设的数字出版平台、中华医学会杂志社一体化学术期刊出版服务平台MedPress、中国科技出版传媒股份有限公司（科学出版社）开发建设的SciEngine学术期刊全流程数字出版与知识服务平台、清华大学出版社建设的科技期刊国际化数字出版平台SciOpen、中国科学院文献情报中心的"PubScholar公益学术平台"。

（1）中国激光杂志社建设的数字出版平台包括中国光学期刊

网、Researching 多学科英文平台、科云出版管理平台、汇同会议服务平台和光电汇产品交易平台，构成一个多平台、多语种传播的全数字产业链，是具有自主知识产权的专业学科出版体系。其中，科云出版系统在 2016 年上线，融合数字技术进行出版流程再造，其前段可与投审稿系统关联，后端与发布平台关联，是一个承上启下的数据中台。

（2）MedPress 出版服务平台由北大方正提供技术支持，拟打造一流医学期刊出版传播平台。新系统一站式贯通内容采集、同行评议、生产、多元发布、知识服务等期刊工作全流程，可实现用户、资源和业务的全域统一化管理，提高编校质量，缩短传播周期，提升发布效率。其中，新版采编系统具备集群化、智能化、一体化的优势和特色，可为作者、专家、编辑提供智能检校、参考文献核查等多样化智能辅助服务，提升稿件写作质量；采用 IP 识别、全文比对等多重比对技术，助力学术不端检测；编辑部之间可推荐转投学术论文，作者在平台快捷完成转投操作，最大化保障刊群内稿件的流转效率；系统完全对接生产平台（结构化排版系统），在作者投稿时自动识别编辑加工稿件为 XML 文档，并智能化转化成 HTML 显示，自动排版生成 PDF，助力杂志社全面实现各平台间的无缝衔接及全面调度；借助上线的 AI 写作识别功能，该平台将成为国内首家具备该项检测业务能力的系统。未来，新系统还将通过开放平台接口的方式引入更多的合作伙伴，开展基于大数据、自然语言处理、人工智能等技术的应用落地服务，打造完整而稳定的科技期刊数字出版产业链。

（3）SciEngine 平台以构建高质量科研论文出版和传播平台为

目标，集成了学术查重检测、审稿专家自动推荐、自动在线校对、科大讯飞智能翻译、AI秒读视频、文献挖掘和语义检索等多种人工智能工具，提供了论文投审、内容生产、数据仓储、资源发布、学术提升、国际化推广及科学评价等全链条出版服务，为海外英文期刊回归、OA出版转型和集约化出版提供自主的平台解决方案。"SciEngine学术期刊全流程数字出版与知识服务平台"项目成功入选2022年度出版融合发展工程。

（4）SciOpen融合了清华大学出版社丰富的国际化办刊经验，兼顾期刊发展需求与用户体验，支持数字化生产、全媒体发布、国际化传播与期刊运营数据分析等功能，实现了从投审稿、编校排到全媒体发布科技期刊全流程数字化生产与国际化传播的支持，并面向各类学术共同体，开展国际出版与传播公共服务。截至2023年6月底，SciOpen已上线56种期刊、1.7万多篇科技论文、7000多条电子补充材料、12条交通研究领域的科学数据，与国际通用搜索引擎、出版标准化组织、重要学术索引数据库等实现对接，读者遍布170多个国家和地区。[①]SciOpen目前聚焦英文科技期刊出版与传播。随着技术发展与服务能力提升，平台可以扩展中文科技期刊英文长摘要服务，结合新技术或第三方服务，将中文科技期刊摘要、正文等内容实现实时在线翻译，提升中文科技期刊服务能力，全面带动中文科技期刊走向国际化。

（5）"PubScholar公益学术平台"由中国科学院文献情报中心、中国科学院计算机网络信息中心、中国科技出版传媒股份有限公

---

① 赵琳，孟瑶，葛浩楠.科技期刊数字出版平台SciOpen功能实践研究[J].中国科技期刊研究，2023，34（12）：1608-1615.

司（科学出版社）等机构建设。首期整合集成了中国科学院的科技成果资源、科技出版资源和学术交流资源，在开放获取环境下允许集成服务的学术资源，以及协议授权或其他合作共建模式获得授权的学术资源，包含期刊论文、学位论文、预印本论文、专利文献、领域快报、动态快讯、科学数据和图书专著等。该平台提供公益性学术资源的学术资源检索发现、可获取全文资源的多途径导航、集成科大讯飞翻译引擎、主动推送领域高价值文献、个性化学术资源的组织管理、开放型学术资源的交流与共享等六大功能，具有学术资源共建共享的创新模式。

此外，浙江大学出版社和西安交通大学出版社也在进行数字化出版平台的建设工作。我们相信不久的将来，随着这些大型出版平台的不断涌现，更多的科技期刊将实现全流程的数字化在线出版，为科技期刊的高质量发展加上飞翔的翅膀。

二、多模式出版

多模式出版是科技期刊融合发展的重要途径。数字出版技术为学术期刊提供了传播内容和传播载体的革新，传播内容突破纸质出版物的版面和呈现方式的限制，通过改变文件发布格式、增加文字、图表、音频、视频等多媒体资料和超链接的内容，对科技期刊内容进行二次创造，实现内容呈现方式的多样化、多模式出版，更立体地传播学术内容和科学知识，满足读者的个性化需求。

在数字化+多媒体融合时代，科技期刊只有与时俱进，不断创新出版模式和引进新技术，才能更好地发展。目前，中文科技期刊广泛采用的多媒体出版有HTML全文出版、网络首发、双语出版、增强出版、AI导读、预出版等模式。

（一）HTML全文出版

超文本标记语言（Hyper Text Markup Language，HTML）文件是基于可扩展标记语言（Extensible Markup Language，XML）技术制作的一种全文阅读模式，已经被科技期刊广泛采用。HTML发布的内容具有轻量化的特点，不需要特殊的软件，只要有浏览器即可阅读，而且还可以实现全文检索，满足读者碎片化阅读的需求，此外，HTML发布的内容设置了正文、标题、图表、参考文献等的超链接，方便读者获得额外的信息，获得衍生性的阅读体验。因此，HTML的应用是增强学术传播深度和广度的重要途径。HTML全文出版改变了论文以PDF格式阅读、传播的模式，使科技期刊实现了内容延伸、知识关联与知识重组，有助于显著提高科技期刊的显示度与传播力。

（二）网络首发

为了缩短发表周期，许多科技期刊选择网络首发（Online First Publish）的形式来抢占首发权，加快科研成果的传播速度和影响力、增强时效性。目前，中文科技期刊一般采用中国知网学术期刊网络首发出版发布系统来发布论文，该系统可以实现录用定稿、排版定稿和整期定稿等状态的论文发表，是目前被各评价机构认可的发布系统。

网络首发时，由于还缺少年、卷、期等基本信息，一般通过DOI标识对单篇论文进行标记，以解决论文引用、获取、统计分析时的问题。DOI全称为"数字对象标识符"（Digital Object

Identifier）。DOI系统的创建对管理数字网络内容识别发挥了重要的作用，论文在网络发布、传播的过程中，不论其在互联网中的地址和位置等信息如何改变，DOI始终不变，成为科技期刊论文的唯一标识，也保障了网络首发论文与正式发表的论文的唯一对应关系，提高其传播和引用分析的准确性。

（三）双语出版

双语出版是中文科技期刊走向国际化的重要途径。双语出版的文章既能够照顾到国内读者的阅读习惯，又可以向外推介国内优秀的科研成果和学术论文。双语出版的模式主要分为以下几种：按出版主体划分，可分为期刊社（编辑部）独立进行双语出版；与出版商合作进行双语出版；数据库平台集成双语。[1]按照双语出版形式可划分为：双语对照出版和双语混合出版，其中双语对照出版又可分为双语同步对照出版和后双语出版。[2]

目前，除了单刊开展的双语出版模式和国际出版商（如Elsevier、Springer、Nature、Oxford University Press、Taylor & Francis Group等）合作的双语出版外，开展双语出版的国内出版平台主要有中国知网的"双语工程"和中国科协的"科技期刊双语传播工程"。

2016年，为了以全新的数字出版与传播模式，自主打造一批具有较强国际影响力的中文学术期刊，中国知网首创并提出"中

---

① 周平，党顺行，郭茜，等.中国科技期刊中英双语出版状况调查与分析[J].中国科技期刊研究，2019（4）：432-439.
② 芮海田，张伟伟，赵文义.中文学术期刊双语出版的发展困境与解决路径[J].中国科技期刊研究，2018（10）：971-976.

文精品学术期刊外文版数字出版工程"（简称"双语工程"）。其中，基于"双语工程"开发的"中文精品学术期刊外文版双语数据库"（jtp.cnki.net）是国际上首家双语出版的学术论文数据库（以下称"JTP数据库"）①。

　　2022年，中国科协发起了"科技期刊双语传播工程"，旨在鼓励具有一定国际化办刊基础的中文期刊通过双语出版提升国际影响力。项目以中国科技期刊卓越行动计划、全国学会期刊出版能力提升计划有关支持期刊为试点，在我国优势、重点或特色学科中，组织一批有较好学术水平基础和较强影响力且具有一定国际化办刊基础的中文科技期刊，对其刊载的优秀论文进行长摘要翻译。2023年新增高度凝练论文关键数据、图片、表格、推理过程和结论的结构化论文作为翻译内容，更加便于国内外科技工作者快速获取论文的主要内容和观点，进一步提高论文传播效率。经过翻译的内容将通过"科创中国"平台开放共享和国际传播，进一步扩大中文期刊在海内外的学术影响。"2023年度科技期刊双语传播工程"项目已正式在"科创中国"网站上线，已与400余种学术期刊开展了双语合作，累计上线近5万篇双语论文，助力学术成果国际推广。

　　（四）增强出版

　　增强出版是伴随科技期刊数字化转型而诞生的一种新兴出版形式。增强出版的实质是通过多媒体技术，如图像、音频、视频等，在传统出版物上添加超链接等技术手段，以实现期刊相关信

---

① 田莹，肖宏，韩燕丽，等.利用数字出版技术促进学术期刊发展——以"中文期刊外文版数字出版工程"JTP数据库为例[J].科技与出版，2017（3）：78-81.

息和数据的融合，从而推进知识传播，提高知识服务能力，实现内容增值等。增强出版主要包括内容增强、数据增强和传播增强。通过XML/HTML等技术，可以在单一平台或合作平台之间实现内容的跳转与关联，使用户实现扩展阅读；也可以实现图表的单独呈现，读者可以单独下载相关的图表，进行引用、分享等；还可以通过数据集、音视频等补充材料突破纸质载体的容量、形式限制，有利于读者理解论文内容，提升阅读兴趣。

增强出版丰富了科技期刊传播中的内容种类和形态，是科技期刊全媒体出版的重要形式，科技期刊有必要采取增强出版模式以强化学术传播效果、促进学术有效交流，实现科技论文从静态到动态的融合出版转变。科技期刊开展增强出版的可行路径包括XML一体化融合出版平台、微信公众平台、出版商平台、"OSID开放科学计划"平台、科学数据共享服务平台等。其中，"OSID开放科学计划"由国家新闻出版署出版融合发展（武汉）重点实验室发起。它通过在论文中添加二维码，使编辑部或期刊社实现轻量化的数字化转型，并且通过在线问答和学术圈，以及论文相关数据的深度开放，实现开放的交流与协作。目前加入OSID计划的期刊有2000多种。

（五）人工智能（AI）辅助阅读

随着信息技术的快速发展，新一代AI大型语言模型出现，这为科技期刊内容的二次传播提供了可能性。为了能够将专业领域的科学知识传达给更广泛的受众，促进科学知识的普及和应用，利用AI技术对科技期刊内容提取关键信息，可为提高阅读效率、提升科技论文的可读性，这为改变科技期刊专业性较强、受众较小的现状开辟了一条新的路径。中文科技期刊可以利用人工智能提供的翻译功能突破语言障碍，提高阅读效率，促进中文科技成果的国际传播。

2023年，中国知网推出了AI学术研究助手，目前正处于内测阶段。官方宣称，中国知网AI学术研究助手可以简化学术研究中的文献检索和阅读流程，它使用了知网学术期刊、学位论文、会议论文、专利、成果、年鉴、百科等海量高质量数据资源，可以全方位地服务科研。

北大方正与百度翻译合作，以机器翻译的方式，提供跨语言交流的桥梁，在网站上实现将中文文章实时翻译为英文以及其他4种联合国通用工作语言。用户只需要点击"译"字图标，即可看到翻译内容。目前，由该公司提供出版技术服务的多个科技期刊均可官方网站上实现这个功能，这为中文科技期刊实现多语种出版提供了极大的便利，促进了中文科技期刊的国际化进程。2024年1月，北大方正又推出了AI导读功能，该功能利用大型语言模型人工智能技术将文章结构化数据进行摘要性改写，提炼文章的研究背景、研究方法、结论等要点，将万字左右的原文缩写到1000字以内，以方便读者更快浏览。下一步，他们还将对AI导读内容进行音频转换，提供多元化的传播形式，并对内容进行进一步提炼，将描述的内容转换为观点，并根据观点实现对论文的分类，为科研工作提供更精准的知识服务。

人工智能技术在科技期刊出版领域的应用还处于初级阶段，还没有达到改变整个出版模式的作用，但是随着技术的升级、新平台的不断出现，以及科技期刊在应用先进技术上的积极探索，人工智能技术还有很多发展空间，必将为科技期刊的发展注入新的活力和动力。

（六）预印本出版平台

预印本（Preprint）是指科研工作者的研究成果还未在正式出版物上发表，而出于和同行交流目的自愿先在学术会议上或通过互联网发布科研论文、科技报告等，一般科研工作者会将它们发布在预印本平台上。最早的预印本平台是arXiv，于1991年由美国科学家Paul Ginsparg在洛斯阿拉莫斯实验室（LANL）创建，涵盖了物理学、数学、计算机科学、定量生物学、定量金融学、统计学、电气工程和系统科学以及经济学等领域。目前，预印本平台已多达30多种，绝大部分平台对全球用户免费开放使用，供大家访问与下载，这是开放科学的基础设施之一。其中，中国科学院科技论文预发布平台ChinaXiv是面向中国科研人员，建设可靠、规范的自然科学领域的中国科研论文开放仓储库，接收中英文科学论文的预印本存缴和已发表科学论文的开放存档。

预印本具有交流快速、及早获得引用、收到宝贵反馈意见等优点，预印本这种开放、快速的交流方式越来越受到学者的认可。开放科学运动推动了学术出版生态的变革与重塑，是全球科学发展的重要趋势。以预印本平台为代表的开放获取平台是学术交流的重要方式。新兴预印交流平台为及时、有效进行科技成果高端交流做出了贡献。

三、融媒体服务

信息技术、数字技术及人工智能技术大大拓宽了信息传播渠道，给传统媒体带来了无法比拟的便捷性和时效性，同时，通过信息传播渠道的扩展，为媒体融合奠定了基础，催生了科技期刊新的传播方式。

（一）邮件推送

电子邮件诞生于20世纪70年代，是一种用电子手段提供信息交换的通信方式，是互联网应用最广的服务。邮件推送具有简单、高效、安全、成本低廉、交流广泛等特点，能够根据不同的主题制定不同的收件人名单，有效地把信息传递给目标人群，已成为大多数科技期刊论文推送的首选方式。当然，邮件推送不仅仅是简单地把内容通过邮件发给用户，而是需要及时地把研究论文尽量准确地推送到合适的人员邮箱中，这需要对论文和用户信息等大数据进行系统分析，涉及论文整理和语言提炼、研究热点追踪、文献检索、数据处理、收件人名单维护与更新、版式设计、推送主题计划与创新等工作。随着信息技术的迅猛发展、大数据应用的兴起，算法推荐带来的信息定制化、资讯分众化已经得到较广泛应用。新媒体的加入使科技期刊的精准推送更加全面，数据更准确，受众更多。个性化精准推送服务对提高科技期刊论文的传播效率和提升期刊综合影响力起到了重要作用。

目前，很多数据库和平台都能提供邮件推送服务，包括上述介绍的技术服务商开发的一体化全流程出版服务平台，都在不断完善服务体系，提供更多的服务内容。中文科技期刊常用的精准推送服务商有：重庆非晓、AMiner、北大方正、北京仁和软件、北京玛格泰克公司等。

（二）社交媒体平台推广

随着社交媒体的兴起，科技期刊与社交平台的融合是一种发展趋势，微信、微博、客户端（两微一端）等社交媒体逐渐成为科技期刊主要的宣传阵地。科技期刊在大规模建设门户网站后，纷纷开始社交媒体的运营工作，加强对自身的宣传以及与同行间的交流，实现了由纸质化传播向数字化、信息化、网络化传播的巨大转变，大大提高了科技期刊的影响力和关注度。

从整体上看，虽然有很多中文科技期刊开展了社交媒体平台运营工作，但是新媒体的活跃度不高，消息内容较单一，以期刊目录等基本信息为主，消息推发频次较低，甚至一些期刊号因运营能力不足，掉粉严重，成为"僵尸号"。此外，大多数中文科技期刊的多媒体融合程度低，仅实现了网站与微信公众号的链接，未实现跨媒体的多媒体融合。融媒体运营效果显著的科技期刊（群）比例较低的主要原因是，一方面，中文科技期刊的新媒体运营工作效果一般。大多数中文科技期刊的媒体运营工作由编辑部自主完成，而编辑部本身就存在人手有限、新媒体技术力量不足、办刊经费有限无法购买专业运营服务等问题，使得大多数新媒体运营工作成效一般，对影响力的提升效果参差不齐；另一方面，服务中文科技期刊新媒体运营的商业公司不多。中文科技期刊的新媒体运营需要建立科技论文、学者、行业资讯等多种大数据资源，并且培养大批具有专业知识基础的运营人员，投入成本与产出收益不成比例，商业运营公司缺少投资动力。目前，少量为中文科技期刊提供服务的软件公司正逐步推出微信公众号运营服务，如北京玛格泰克公司、北京仁和软件等。也有少量期刊集群或期刊社自行构建了一些优秀的运营团队，例如中国科学院长春光学精密机械与物理研究所（简称长春光机所）的Light学术出版中心（简称Light中心）构建的以三大平台（微信平台、直播平台、视频平台）和四大网络（主流媒体网络、科技媒体网络、社交媒体网络、推送资源网络）为核心的全媒体矩阵。该新媒体矩阵以"立足期刊，服务科研，传播科学，促进交流"为宗旨，着力打造学术期刊类型旗舰级新媒体品牌公众号"中国光学"，孵化多项原创内容IP，包括顶刊进展解读、顶刊综述解读、产业科技解读、课题组系列报道等，搭建传播科学、共享科学、服务科学与产业的桥梁。

（三）知识服务体系构建

知识服务是信息服务的延伸，是面向问题解决方案和贯穿用户解决问题全过程的服务。随着一些国际出版机构向知识服务商的成功转型，中文科技期刊以自我为中心的知识生产模式也正朝着以消费者为中心的知识服务模式转变。知识服务模式推动了科技期刊生产要素的调整与革新，提升内容出版质量与多元化的个性知识服务能力成为中文科技期刊增强生存与发展能力的必然选择。

与科技论文相关的知识信息、科研信息、评价信息、行业信息等资讯的链接和集成是知识服务体系的基本元素，深入挖掘特定用户的需求，做好知识传播中的内容生产、产品设计、传播渠道与场景打造等服务，是中文科技期刊打造知识服务体系的基本途径。显然，中文科技期刊的知识服务体系构建不是靠单刊的力量能够实现，需要聚集多方的力量，以构建科技期刊集群的模式来实现。

第三节 中文科技期刊的融合发展现状与机遇

一、中文科技期刊融合发展现状

（一）单刊的新媒体融合发展程度低

虽然我国科技期刊出版已在工具、形式、传播等方面实现了数字化，但这种数字化发展还只是形式上的"叠加"，仅仅是工作流程及纸质内容的数字化、信息化，与"融合发展"的实质仍有一定距离。据《中国科技期刊发展蓝皮书（2023）》[①]统计，5111 种科技期刊中，网站年点击量在 100 万次及以上的期刊仅 200 多种；仅 548 种有官方客户端，其中拥有活跃用户 10 万及以上的期刊仅 33 种；仅 549 种科技期刊有微博账号，其中粉丝数达到 10 万人及以上区间的期刊仅 53 种；2385 种科技期刊开通了微信公众号，不足期刊总数的 50%，其中篇均阅读量达到 1 万次及以上区间的期刊仅 19 种。大多数科技期刊的微信公众号服务模式单一，除了推送常规的期刊文章内容以外，没有其他和科研相关的服务性资讯，信息内容单一，导致读者访问率低；并且缺少科技新闻内容等版块，微信公众号无法发挥移动传播平台即时、迅速的传播优势，难以满足当下用户时效性阅读需求，更谈不上知识服务等其他形式的融合发展。此外，由于科技期刊新媒体平台的时效性低、访

---

① 中国科学技术协会 . 中国科技期刊发展蓝皮书（2023）[M]. 北京：科学出版社，2023.

问量少、多元化差异化的服务能力不足，绝大多数科技期刊没有通过新媒体平台提高其盈利能力。据《中国科技期刊发展蓝皮书（2023）》[①]的统计，在 5111 种科技期刊中，1534 种有新媒体投入，其中，年投入在 1 万元以下的期刊有 500 种，占 23.59%，年投入在 2 万元以下的期刊有 799 种，占 52.09%，年投入在 10 万元及以上的期刊有 183 种，仅占 11.93%。5111 种科技期刊中，只有 351 种有新媒体收入，占 6.91%。可见，科技期刊新媒体的投入严重不足，平台盈利能力非常差。

在数字化生产平台方面，实现"采、编、印、发"全流程数字化的中文科技期刊寥寥无几。虽然这些少量的中文科技期刊定制了投审稿系统、生产发布系统，但这些系统大多处于相互隔离状态，并未将多个系统实现无缝连接，更未具备提供知识服务的能力。究其原因，一方面，科技期刊的编辑、传播、知识服务等活动分散于不同的主体，科技期刊融合发展需求与其管理机制体制转型的速度不匹配，各项编辑活动之间存在壁垒，没有及时将各要素得到充分利用和共享，大多数单刊仍在按传统模式运营，不能突破编、印、发的界限，实现按篇出版、个性化定制服务的目标。另一方面，单一科技期刊缺乏整体的数字化发展规划，缺少充足的资金投入和人才储备，只能从最经济简单的手段入手开展媒体融合转型工作，还未形成全媒体工作模式，无法产生规模效应，不利于科技期刊融合发展的全面贯通、深度融合。

---

① 中国科学技术协会.中国科技期刊发展蓝皮书（2023）[M].北京：科学出版社，2023.

（二）集群化平台服务能力不足

构筑科技期刊大型集群化平台对于提升我国科技期刊国际竞争力、加快我国科技强国建设具有重要意义。目前我国已形成了众多由学（协）会、科技期刊出版集团、数据库平台商等主导的产业集群，为科技期刊集群化平台建设创造了条件，中国知网、万方数据、维普资讯等大数据库平台商在整合出版资源、促进成果传播等方面做了有益尝试。但是，我国科技期刊集群平台还存在数量少、规模小、服务能力不足等问题。

第一，中文科技期刊集群平台还缺少技术供应商、数据运营商的大量投入。集群平台建设需要投入大量人力、财力、物力资源，科技期刊出版产业体量小、投入周期长、收益不高，无法吸引大型技术企业开展针对科技期刊出版特点进行技术开发。先进的网络技术、人工智能技术等技术壁垒高，与其他行业中的应用收益相比存在较大差距，还没有在科技期刊出版业中充分发挥作用。例如，生成式人工智能内容已经大量涌现，但生成式人工智能内容的检测技术却还处于起步阶段，无法满足大量的检测需求和较高的检测精度要求，科技期刊将面临更多的科研诚信、学术不端等引起的挑战。

第二，中文科技期刊产业生态还不成熟，需要继续寻找实现中文科技期刊产业高质量发展的有效路径。市场化、产业化经营与发展能力不足，低水平重复建设和不良竞争现象依然存在，这些因素都影响了科技期刊集群平台的高质量可持续发展。国内规模最大的学术出版平台中国知网年收入与国际一流的学术出版平台相比，差距甚大。打破机制体制障碍，构建有利于新旧集群发展的保障体系和发展环境，明确产业链利益分配原则，提升科技期刊的市场化、产业化能力迫在眉睫。

第三，媒体融合环境下，科技期刊的集群化发展还有待进一步深入。要推动科技期刊产业和数字技术实现一体化纵深融合，离不开科技期刊集群化发展的支撑。科技期刊集群化发展可以提高管理效率，提升主办、主管单位重视程度，促进出版技术进步，提升科技期刊影响力和整体实力。自 2019 年，卓越计划实施以来，获得卓越计划资助的五大科技期刊集群正在飞速发展。但我国科技期刊仍处于主管、主办、出版单位分布分散，多为单刊编辑部且办刊资源有限的困境之中，各出版单位仍延续"一部一刊"的经营模式，存在"小散弱同"的缺点，未形成集约化经营管理模式，相比于一些国外大型的期刊出版集团存在明显差距。尤其是需要加强中文科技期刊集群建设力度，积极推进双语出版、预印本出版等创新出版模式，推动科技期刊集群平台的高质量发展。

二、中文科技期刊面临的机遇和挑战

（一）政策机遇

习近平总书记强调："广大科技工作者要把论文写在祖国的大地上，把科技成果应用在实现现代化的伟大事业中。"[①]2018 年 11 月 14 日，中央全面深化改革委员会第五次会议审议通过了《关于深化改革 培育世界一流科技期刊的意见》。指出："建设数字化知

---

① 习近平.为建设世界科技强国而奋斗——在全国科技创新大会、两院院士大会、中国科协第九次全国代表大会上的讲话[N].人民日报，2016-06-01（02）.

识服务出版平台。集论文采集、编辑加工、出版传播于一体，探索论文网络首发、增强数字出版、数据出版、全媒体一体化出版等新型出版模式，提供高效精准知识服务，推动科技期刊数字化转型升级。"围绕建设世界一流科技期刊的一系列文件的出台给科技期刊带来了前所未有的发展机遇，标志着"科技期刊发展的春天"已经来临。

随着5G、大数据、人工智能、云计算、VR等现代技术的快速更新和广泛使用，舆论生态、媒体格局、传播方式都发生了深刻变革，全媒体时代已经来临，媒体融合发展已经势不可挡。2019年1月，习近平总书记在中共中央政治局就全媒体时代和媒体融合发展举行第十二次集体学习时强调，"我们要因势而谋、应势而动、顺势而为，加快推动媒体融合发展。"①

2020年9月，中共中央办公厅、国务院办公厅印发了《关于加快推进媒体深度融合发展的意见》，明确了媒体深度融合发展的总体要求。为深入学习贯彻习近平总书记关于媒体融合发展的重要论述，按照《中华人民共和国国民经济和社会发展第十四个五年规划和2035年远景目标纲要》有关部署，根据《出版业"十四五"时期发展规划》有关安排，2022年4月，中共中央宣传部印发《关于推动出版深度融合发展的实施意见》，为出版行业探索融合发展提供了行动指引，也对科技期刊的高质量发展提出了更高的要求。在这一背景下，我国数字出版、网络出版、手机出版等新型出版业态得到快速发展，期刊出版业发展格局发生重大

---

① 推动媒体融合向纵深发展 巩固全党全国人民共同思想基础 [N]. 人民日报，2019-01-06（01）.

变化，我国科技期刊产业迅猛发展。作为科技期刊的主力军，中文科技期刊也正在积极探索内容、渠道、平台等方面的融合发展路径，以实现多元化发展。

（二）媒体融合发展是科技期刊发展的需要

建设世界一流科技期刊是我国科技期刊发展的前景，而媒体融合为建设世界一流科技期刊提供了机遇。面对数字化与信息化带来的挑战与机遇，期刊出版业只有主动开展数字化转型升级，才能实现跨越与发展。传统纸质科技期刊的信息传播模式单一、传播范围小，传播效果一般，传播能力不高，严重影响了期刊自身的发展。而科技期刊的媒体融合发展，在拓宽信息传播的同时，可以实现用户之间的良性互动；在赢得用户关注的同时，可以拓宽科技期刊营销渠道与范围，提升科技期刊服务能力，加强品牌营销，促进我国科技期刊可持续发展。

此外，中文科技期刊的主要影响力集中在国内，国际影响力较低，提升国际国内影响力需要借助融合发展的技术力量和管理模式。媒体融合不仅仅是在技术的支持下简单的内容数字化、传播多元化，其根本的融合在于资源的优化配置，从而达到高效传播的目的。

（三）多媒体技术推动科技期刊融合发展

科技期刊出版进入数字化时代，新技术的出现与应用对期刊产业的影响日益深远，大量出版技术如DOI、XML、CrossRef等已经深入平台底层，成为不可或缺的组成元素，为科技期刊传播力、引导力、影响力和公信力的提升提供了重要支持。期刊在线查重检测、审稿人推荐、期刊论文增强出版、社交媒体传播等功能的广泛应用为科技期刊出版提供了更便捷、更高效的服务，推动了科技期刊编辑、审稿、校稿、印刷、发行等编辑出版全流程的颠覆性变革，给科技期刊的发展插上了翅膀，丰富了出版产品形态，提升了学术期刊的传播力和影响力。

随着大数据、人工智能、区块链、AR（增强现实）、VR（虚拟现实）等前沿技术在科技期刊中得到越来越广泛的应用，智能审校、生成式内容检测、AI推荐等技术应运而生，科技期刊的数字化进程获得了更大的推动。科技期刊积极引进先进出版技术、熟练运用数字技术，就能获得更大的发展空间。

（四）中文科技期刊面临的挑战

机遇与挑战总是相互依存，相伴而生。在政策的大力支持和数字技术的推动下，中文科技期刊融合发展遇到前所未有的机遇，也迎来了巨大的挑战。

首先，大多数中文科技期刊面临资金来源、新技术人才培养等的挑战。不论是微信公众号等新媒体平台的使用还是邮件推送等融媒体服务的应用，都离不开资金与人才的支撑。但是，目前中文科技期刊大多注重社会效益，忽视经济效益，而且中文科技期刊大多未完成市场化转型，具有一定发行量和广告收入等创收能力的科技期刊并不多，在办刊人才方面，懂技术、会运营的技术人才尤其短缺，因此，要引进先进的技术和出版服务，实现中文科技期刊的融合发展，必须先解决期刊的资金和技术人才问题。

其次，新出版技术的发展带来了新的学术不端、科研诚信、数据造假等伦理问题，数据安全、版权保护等安全问题，以及出版形式多样化、出版周期加快引起的出版流程急需重塑等出版问题，中文科技期刊必须及时关注、尽快找到对策应对这些问题，这对于期刊来说是个极大的挑战。

媒体融合时代，传统科技期刊应把握时代机遇、迎接挑战，积极与新兴媒体深度融合，以促进科技期刊向更深、更远的方向发展，实现社会效益和经济效益的双丰收。

第四节　中文科技期刊融合发展对策

中文科技期刊在媒体深度融合的浪潮中想要立于不败之地，不仅要结合自身特点，注重内容的生产，更要充分实现理念与思维方式的转变，构建全流程数字化出版、新媒体融合的传播体系以及加强新媒体人才的培养，这也是新时代背景下传统科技期刊实现融合转型发展、创新突破的根本路径。

一、加大政策引导，转变数字化工作思维方式

在移动互联网时代，大型聚合类期刊数据库的出现将整本期刊割裂开来，使得单篇论文对于读者越来越方便检索、阅读，科技期刊的"期""刊"二字被弱化，期刊的概念消失在海量的数据中，尤其是以综合性学报为主的高校学术期刊，不仅面临着数字化、集团化的行业整体转型，还面临着因研究领域趋于细化而出现的综合类学术期刊转型问题。

随着用户对数字产品服务的需求量增大，科技期刊的"转企

改制"、数字化建设、新媒体融合等成为科技期刊走可持续发展道路的重点建设目标。要使中文科技期刊成为市场主体、遵循市场规律、实现由文献供给者向优质内容服务方的转变，除了党和政府在深化体制改革、凸显主体地位等方面需要加大政策支持和引导外，出版单位也要认识到数字出版、按需出版、融合发展是未来学术出版取得盈利和保持可持续发展的重要模式，要转变办刊理念和工作思维方式，将传统的以纸面文字为主要工作对象的思维方式转变为立体互动的新型工作思维方式，深刻理解融合发展环境下科技期刊的新特点，学习和掌握新技术新方法，推动实现从文字平面化沟通走向根据用户需求的定向化服务，从传统单一纸媒向多媒体、多样化的深度融合发展。

二、建立数字化的管理体系，实现全流程数字化出版

在充分体现中文科技期刊自身特色，提供高质量内容的前提下，通过数字化建设来优化现有流程的冗余环节，提高出版效率，降低出版成本，满足学术研究者线上阅读的需求，实现管理信息化、编校智能化，生产按需化、传播多元化是中文科技期刊全流程数字化出版改革的目标。目前，数字化技术在我国出版行业应用越来越广泛，例如，在选题策划环节，可以利用大数据、云计算等数字化技术，快速获得行业当前的研究热点、重要成果，把握学科发展的内在规律，找准选题方向，并以此判断稿件的创新性和原创性，保证稿件的质量；在编辑加工环节，利用智能审校工具、内容查重工具等，可以大大提升出版效率和出版质量；在出版传播环节，可以利用出版平台实现脱离了"期""刊"概念的优先

实时出版，也可以根据读者需进行按需印刷、个性化推送服务等。

要进行出版流程的数字化整合，有效实现科技期刊智慧出版以及融合发展中结构化、全流程、个性化的发展目标，必须改变传统的管理模式，针对全流程数字出版建立高效的数字化的管理体系。数字化的管理体系包括稿件管理、XML结构化生产管理、新媒体运营管理等。例如在数据制作管理方面，为了实现数据的快速广泛传播，需要将期刊内容制作成满足当前主流数据格式和标准的文件，只有根据数据规范建立具有统一标准的数据库，才能实现数据标准化管理。

此外，在管理机制上要完善评价和考核机制，激励编辑提升自身技能，尤其是提升对新媒体的驾驭能力；要按出版流程明确岗位责任体系以改变科技期刊编辑岗位职责不明确、既是文字编辑又是策划编辑、运维编辑等"全能型"工作模式，做到分工明确、责任到人，推动科技期刊编辑向专业化转变。

三、利用智能技术，建立融合发展的立体传播体系

利用新技术赋能可以使科技期刊的数字出版向立体化方向进行探索，也可以向元宇宙概念下的智慧出版方向发展。对于单个科技期刊，除了通过中文信息资源网站如知网、万方数据库等进行传播外，还可以通过自建网站进行发布最新资讯和论文，在媒介融合背景下，一些有资金和能力的科技期刊要合理、高效地利用微博、微信、B站等社交媒体平台，建立微信公众号、视频号、客户端等多媒体矩阵，构建数据的二次传播体系，使传统内容实现多种形式发布，一个内容有多种创意，增强可视化、互动性等

效果。

科技期刊之间也可以加强合作共赢，构建智慧出版数字新媒体平台，通过多平台融合、多形式输出、多方位服务等渠道实现科技期刊在生产、出版、发行、传播各个环节中技术应用的创新。通过多平台、多形式的传播反馈，科技期刊可以精准分析科技期刊出版的大量数据，跟踪传播效果，根据传播特征实时调整选题方向，找准办刊定位和出版的大方向。在知识服务需求不断加深的当下，可以利用智能技术、大数据分析，了解读者的偏好和用户的分布情况等，将人工智能、AR、VR、5G、元宇宙等新技术、新理念应用到期刊的用户体验、交流互动等方面，探索借助大数据技术实现精准推送、定制服务，以受众需求为导向展开定向生产与传播，拓展科技期刊出版的服务价值空间，提升科技期刊出版的传播能力和创新引领力。

四、加强新媒体人才培养，提高编辑数字素养

人才是经济社会发展的第一资源，高素质的编辑是出版的核心要素，是推动期刊出版业落实数字化战略、推动高质量发展的主体性力量和根本推动力，编辑只有具备了较高数字素养和较强数字技能才能直接赋能出版各环节的数字化，推动各环节工作的数字化水平和科技创新含量，更好地推科技期刊媒体融合发展。

出版人才主要包括文字编辑、科学编辑、美术编辑、版权管理人员、营销运维人员等。随着各种新媒体手段的兴起，技术/运营/传播等新媒体专业技术人才对科技期刊的作用越来越大，成为科技期刊数字化出版转型的重要技术力量，也是为了科技期刊

高速发展的主要支撑力量。2010年新闻出版总署《关于加快我国数字出版产业发展的若干意见》指出，"要不断完善数字出版人才培养体系，加大对数字出版人才培养力度，特别是高级管理人才、高级营销人才、高级策划人才及数字出版编辑人才的培养"。2022年4月，中宣部印发《关于推动出版深度融合发展的实施意见》，围绕出版融合发展人才队伍建设，对出版融合发展人才的理论素养、能力要求、人才类型、培养途径、激励措施等方面做出了系统、全面、深刻的阐释。

由于与其他行业的IT人员相比，科技期刊出版小众化、培养周期长、收入低、地位不高，科技期刊信息专业技术人才短缺非常严重。2020年，我国科技期刊从业人员数量达到36907人，其中，采编人员数量19704人，新媒体人员为2209人，[①]而我国科技期刊有5000多种，新媒体工作人员的平均值仅0.44人左右，可见，从事科技期刊新媒体工作的人员的比例非常小，很多编辑部没有设立新媒体人员、发行人员等，全部由编辑来承担，编辑部人力资源匮乏，远远不能适应科技期刊数字化转型对数字出版人才的需求。要实现科技期刊的融媒体转型、提升科技期刊数字出版水平，增加科技期刊数字产业收入，科技期刊出版单位在人才培养方面必须培养一批自己的数字出版专业人才，从政治素养、策划能力、信息技术能力、文案能力、数据分析能力、信息交互能力等方面全方位培养智能出版时代新媒体编辑。

第一，针对现有的编辑群体，要围绕融合发展新趋势、新理

---

① 中国科学技术协会.中国科技期刊发展蓝皮书（2020）[M].北京：科学出版社，2020.

念、新技能，通过专门的培训在产品策划、内容编辑、技术开发、传播运营等方面培养不同层次的出版融合发展人才。科技期刊的编辑不但要了解出版规律，还要了解信息技术，学习期刊运营、管理技能，成为"一专多能"的复合型人才。打通科技期刊编辑职位晋升、薪酬奖励、继续教育和职业发展通道，保障出版人才的基本待遇，提升编辑的职业地位和社会认同感，吸引更多有技术基础的专业技术人员投入科技期刊出版中来。

第二，要发挥高校人才培养作用，在编辑出版学科中设立数字出版方向，增加融合发展新理念和新技术实践，加强培养力度，为科技期刊培养一批新时代数字出版专业人才，提高出版从业人员基本素质和数字素养。对比国外的编辑出版学体系，我国需要扩大出版教学体系范围、增强课程实践、加强不同学科不同领域的共同合作以此拓宽学生的知识储备，打造有中国特色的新型编辑出版专业学科体系。在课程设置上，要增加出版融合相关课程，围绕创新内容呈现方式、扩大优质内容供给等设置先关内容，并将大数据、云计算、人工智能等技术纳入教学，可以与出版单位联合设立出版融合发展实习基地等，将出版深入融合作为主要的实习内容，为我国科技期刊的运营管理、数字出版产业培育优秀人才。

第三，要实施出版融合发展优秀人才的遴选培养计划，打造一批思想政治素质过硬、创新创造能力突出、引领发展表现出色的出版融合发展人才。设立新媒体运营岗位，明确岗位职责，体现岗位价值，为优秀的新媒体人才提供广阔的发展舞台。优化人才评价机制，鼓励设置科技期刊出版人才专项计划。2020 年，中国科技期刊卓越行动计划办公室特设立"选育高水平办刊人才子项目—青年人才支持项目";2021年,湖南省科技厅、中共湖南省委宣传部实施了"湖南省培育世界一流湘版科技期刊建设工程科技期刊杰出中青年人才项目",这是开展"卓越计划"以来首个省级科技期刊出版人才项目。这些国家级、省部级的人才项目产生了显著成效,一方面,培养了一批新时代的优秀科技期刊出版人才,为广大科技期刊编辑人才快速发展提供了重要资助,另一方面,这些优秀人才推动了所在科技期刊的高质量发展,激发了青年编辑的办刊热情,带动了一批有潜力的青年编辑队伍的快速成长。

总之,我们要通过多种途径、多种办法,鼓励青年编辑激发办刊热情、提升数字出版技术水平,拓宽工作视野,为科技期刊的数字化融合发展培养更多优秀人才。

第四章

中文科技期刊开放发展路径

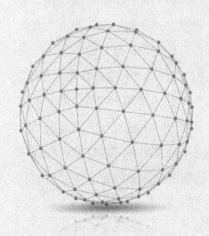

当前中国正处于"两个一百年"奋斗目标的历史交汇点上，已全面建成小康社会，中华民族伟大复兴向前迈出了新的一大步，同时，世界百年未有之大变局正风起云涌。习近平总书记深刻指出，这样的大变局"是世界之变，时代之变，历史之变"①。随着世界格局的演变，世界正进入动荡变革期，面对国际国内形势的瞬息万变，中文科技期刊必须保持昂扬的精神，牢记办刊宗旨，积极开拓办刊思路，转变办刊手段，时刻准备着迎接科技创新、信息爆炸的冲击，以及来自全球化的知识服务竞争。党的十九大报告指出要"讲好中国故事，展现真实、立体、全面的中国，提高国家文化软实力"②，习近平总书记在党的二十大报告中指出"增强中华文明传播力影响力"③。科技期刊作为传播中国特色的学术体系、学科体系、话语体系的重要枢纽，应该在提升中华文明影响力的过程中发挥作用。科技期刊的开放发展是实现建设科技强国这一目标的重要路径，占我国科技期刊绝大多数的中文科技期刊

① 杜尚泽，张晓松. 高远务实的时代擘画——党的十九届五中全会侧记 [N]. 人民日报，2020-10-31（02）.
② 习近平. 决胜全面建成小康社会　夺取新时代中国特色社会主义伟大胜利——在中国共产党第十九次全国代表大会上的报告 [N]. 人民日报，2017-10-28（01-05）.
③ 习近平. 高举中国特色社会主义伟大旗帜　为全面建设社会主义现代化国家而团结奋斗——在中国共产党第二十次全国代表大会上的报告 [N]. 人民日报，2022-10-26（01-05）.

更要做出实质的贡献。

目前，开放科学已经成为全球共识，从开放获取走向开放科学，以知识共享为特征的开放运动正不断向纵深发展。随着开放科学的兴起，科研成果的发表、学术交流的模式发生重大变革。开放科学运动不仅提升了知识的传播与扩散效率、促进了科研成果共享、更驱动了学术出版生态系统的重塑和深刻变革，为高水平创新提供了重要支撑。在开放科学环境下，中文科技期刊的开放发展与开放科学的发展路径、国际化的发展方向密切相关，我们应当顺应全球开放科学的发展趋势，以适应新的学术交流体系的转变，寻找新定位、新价值，树立平台化思想，积极探索科技期刊运营新模式，树立新的知识服务增值理念，提升知识服务能力。

第一节　中文科技期刊的开放发展及其重要意义

一、开放科学的概念及发展历程

（一）开放科学的概念

开放科学（Open Science）是指除了最终研究成品之外，研究人员分享他们在研究过程中的每个元素，以促进研究人员之间合作的一种新型科研方式，它能够促使科研人员自发地开展新的虚拟合作研究[①]。开放科学概念的提出与科学传播与交流的发展和需求密切相关。

2021年，联合国教科文组织发布了《开放科学建议书》，其中将开放科学定义为"一个集各种运动和实践于一体的包容性架构，旨在实现人人皆可公开使用、获取和重复使用多种语言的科学知识，为了科学和社会的利益增进科学合作和信息共享，并向传统科学界以外的社会行为者开放科学知识的创造、评估和传播进程"。开放科学的具体内容包括期刊与论文的开放获取、科学数据的开放共享、开放基础设施、开放评估和开放软件等多个方面，它们体现了开放科学注重质量与诚信、全人类的集体利益、公平与公正、多样与包容等价值观。

---

① Ramachandran R, Maskey M, Kulkarni A, et al. Talkoot: Software tool to create collaboratories for earth science[J]. *Earth Science Informatics*, 2012, 5（1）: 33-41.

　　开放已经成为全球共识，国际组织和各国政府、科研资助机构、科研教育机构、出版机构、科学家与科学共同体、企业、社会公众等众多利益攸关方，均以不同方式、不同程度地参与和推动实现更加开放、公平、透明、可持续的科学政策和运行机制。我国也在积极推进开放科学实践。2014年5月，中国国家自然科学基金委和中国科学院发布开放获取政策，明确指出受到资助的项目需要向社会开放。同年9月，科技部颁布《关于加快建立国家科技报告制度的指导意见》。2018年12月，在第十四届柏林开放获取会议上，中国的国家自然科学基金委、国家科技图书文献中心、中国科学院文献情报中心发布立场声明，明确表示中国支持开放获取2020计划（Open Access 2020 Initiative，简称OA2020）和开放获取S计划（Plan S），表明了我国对开放科学的支持态度，并已从国家层面开始重视开放科学的建设问题。2021年12月，全国人大常委会修订通过了新的《中华人民共和国科学技术进步法》，明确我国要"推动开放科学的发展，促进科学技术的交流与传播"，"推动科学仪器设备、科技基础设施、科学工程和科技信息资源等开放共享，提高科技成果区域转化效率"，以及"应当建立健全科学技术资源开放共享机制，促进科学技术资源的有效利用"[1]。2022年党的二十大报告提出"形成具有全球竞争力的开放创新生态"[2]。可见，开放科学已成为我国科技发展的新趋势和新要求。

---

① 中华人民共和国科学技术进步法 [N]. 人民日报，2021-12-27.
② 习近平 . 高举中国特色社会主义伟大旗帜　为全面建设社会主义现代化国家而团结奋斗——在中国共产党第二十次全国代表大会上的报告[N]. 人民日报，2022-10-26（01—05）.

（二）开放科学的发展历程

开放科学的发展历程与科学技术的日新月异息息相关。自 17 世纪科学期刊的出现推动科学开放变革以来，经过了 300 多年的发展，开放获取、开放数据、全球性开放治理三个发展浪潮复合形成了如今的开放科学态势，开放科学运动已成为全球共识，全球开放包容的多元主体治理格局正在形成。在开放科学的萌芽阶段，为了满足获取科学知识的需求，科学家们必须共享资源、集体协作，从而推动了开放科学的诞生。在开发科学的发展阶段，通过对知识产权的制定和保护，建立了更明确的开放科学模式，基于知识产权的开放获取成为开放科学的重要基础。自 21 世纪以来，开放科学进入蓬勃发展阶段，互联网给科学研究和学术交流带来深刻变化，一方面，信息通信技术的迅速发展改变了人们交流和交易的方式，另一方面，大数据的出现催生了新的科研模式的兴起。

开放科学也引发了新的问题，从科学伦理的角度，对生命伦理基本原则的尊重（如自主权、隐私权、善意原则、正义和研究完整性等）与开放的科学数据共享的技术工具之间必须保持平衡；从知识服务的角度，科学界对于开放科学往往有着不同的认识，开放科学需要通过政策决策支援，从而将广泛的意见达成共识；开放科学机制与专利激励制度的矛盾则更需要科技政策的居中协调。可见，政策问题制约着开放科学的发展，开放科学需要国家政策的宏观布局、行业政策等的支援，需要政策引导科研主体提高重视。

目前开放科学仍处于探索期，有关概念、标准、体系、制度、文化等尚未形成统一认知,其规范化、建制化建设任重道远。中国科学院院士胡海岩指出:"当前,我国开放科学的实践尚处于起步阶段。"从开放科学的发展程度来说,当前我国开放科学的主要形式仍是开放获取,开放数据还处于起步阶段,开放实验设备乃至开放科研过程仍处于较低的发展水平。从总体来看,我国对于开放科学的关注和投入还远远不够,学界对于开放科学的探讨也仍然局限在开放获取、开放出版以及开放数据等话题上。我国的开放科学政策较为分散,急需出台国家层面的开放科学战略规划,推动开放科学模式的不断创新。

二、开放科学环境下中文科技期刊的开放发展

开放科学已成为现代科学传播的新模式,推动了科研成果的高质量快速发表,同时,科技期刊也因开放科学运动的发展而不断革新。开放科学环境下,中国科技期刊的出版主要围绕开放出版、数据出版和期刊评价展开。其中,开放出版的主要模式是开放获取。虽然,我国加入开放获取计划的时间不长,很多科技期刊的开放出版主要是绿色开放获取(Green Open Access,简称绿色OA)和金色开放获取(Gold Open Access,简称金色OA)的形式(两者特点对比见表4-1),实现真正意义上的开发获取期刊较少,但是,经过十余年的发展,随着开放发展意识的增强,许多中文科技期刊已逐步采取开放许可协议,加入开放获取出版行列。截至2021年7月,开放获取论文数量已达2万篇,这些文章中有51.8%来自医学研究领域。开放获取论文提升了中文科技成果在国际范围的可见度,为持续提升中文论文的影响力提供了可能。越

来越多的科研人员选择将研究成果发表在开放获取期刊上，开放获取期刊对科研成果的传播具有重要影响。随着开放获取运动的不断深化，开放获取期刊的发展迅速，开放获取加快了学术信息的交流，提升了科技期刊的学术影响力和社会影响力。

表4-1 金色OA和绿色OA特点对比

类型	金色OA	绿色OA
开放时间	一经出版即开放共享	在禁运期结束后开放
开放版本	经编辑和排版后正式发表的版本	经过同行评议后的接收稿，未经编辑排版
存储位置	存储在出版机构平台上，可免费获取，并与相关内容关联	存储在知识库或个人网页等其他地方
科学记录完整性	正式发表的最新版本，并与任何出版后的更正相关联，确保科学记录清晰准确	不完整，存在多个版本，不可引用，不具备关联性，有破坏科学记录的风险
许可协议	开放协议允许使用者能够再利用、修改、共享	权利和再利用可能受限
转为完全OA的可能性	通过文章处理费（APC）或转换协议为出版的基础设施提供资金支持，可以转为完全OA	依赖订阅模式来资助出版的基础设施，无法转为完全OA系统
符合开放科学	纳入开放规则中，并符合开放标准	难以融入开放研究的生态体系中

三、中文科技期刊开放发展的重要意义

（一）中文科技期刊的开放发展是经济全球化的必然结果

经济全球化是指在世界经济大市场中通过国际分工，不断提高资源配置的效率，使商品、服务、生产要素和信息在国际间流动的规模不断扩大，各国间的经济发展互相依赖，互相关联的程度呈现日益加深的趋势。随着经济全球化进程的推进和知识经济

时代的到来，出版全球化成为不可抗拒的时代潮流。随着出版业国际交流日益深入，出版市场逐渐开放，承载着创新性科研成果的中文科技期刊必然受到国际同行的冲击和挑战。中文科技期刊实施"走出去"战略，由本土向国际化发展，参与国际合作与竞争，已成为大势所趋。

（二）中文科技期刊开放发展是自身生存和发展的核心需要

我国现有的中文科技期刊水平参差不齐，结构也不尽合理，在优质稿源、传播平台、服务能力等方面都与国际一流科技期刊存在巨大的差距，面临着来自国内外巨大的竞争压力。达尔文的进化论认为优胜劣汰、适者生存，人类文明的发展史也证明了这一点。科技期刊出版作为文化产业，具有商品属性，在残酷的市场竞争下，科技期刊的生存和发展亟待期刊研究者从期刊的专业化、数字化、国际化、集群化等方面开展深入的研究。中文科技期刊的开放发展是中文科技期刊研究的重要组成部分。开放发展对中文科技期刊具有重要的意义。中文科技期刊应始终立足本土，面向世界，不断推进我国科技期刊整体质量和影响力的提升，使我国科技期刊迈入一个新台阶。

（三）中文科技期刊的开放发展是我国开放科学体系的重要组成部分

开放科学主要包括开放获取（Open Access）、开放数据（Open Data）、开放资源（Open Source）、开放可重复研究（Open Reproducible Research）四个部分并具有"开放"和"共享"的鲜明特征，而科技期刊作为学术界交流沟通的重要渠道和科技发展的重要载体，也具有"传播""分享"的基本需求和属性，两者在科研成果的资源共享和传播方面具有相同的目标。顺应全球开放科学的发展趋势，是中文科技期刊必然的发展方向。

开放科学推动了学术出版的变革。在开放科学时代，科技期刊的开放功能将不断增强，传播功能将持续扩展，出版内容、形式和机制将发生重大改变。同时，科技期刊将极大地促进开放科学的发展。中文科技的开放发展将有利于汇集优秀科研成果，团结科研人才，培养科研力量，扩大科研交流，扩展科学共同体的范围，为构建开放科学文化发挥重要的作用。

四、中文科技期刊开放发展的实现路径

（一）树立科学发展理念，坚持开放发展

要实现我国中文科技期刊开放发展，必须树立科学的发展理念，坚持开放发展的根本方向。科技创新是人类社会发展的重要引擎，科技成果应该造福全人类，因此，加强国际科技交流与合作，打造开放、公正、共享的科学发展环境，构建人类命运共同体是人类发展和社会进步的必然趋势。开放的态度是进步的基石，科学是开放的事业，中文科技期刊是传播中国科技成果的主要载体。科学从产生开始就有开放交流的内在需求，自第一本科技期刊诞生起，科学交流的途径不断扩大，但其一直在沿着扩大开放的方向发展和演变，开放发展是科学的历史必然，也是科技期刊的发展必然。

（二）完善机制体制，拓宽开放发展途径

要实现我国中文科技期刊开放发展，须不断完善体制机制，充分发挥机制体制的全局性、根本性作用。构建开放多元、互利

共赢的科技期刊开放发展协同体制，需要有效建立科技期刊和社会力量的互动机制，发挥市场机制宏观调控作用，吸引更多社会力量进入科技期刊开放发展领域，使科技期刊开放发展成为全社会的共同目标。社会力量是参与和推进科技期刊开放发展的重要主体之一。要拓宽社会力量参与科技期刊开放发展的渠道，完善社会力量参与科技期刊开放发展机制，出台政策、法规、管理办法，构建合理的利益协调机制。要加强知识产权保护，建立科技伦理、科技创新保护机制。科学发现的首发权、知识产权的保障体系、数据安全可靠的存储和共享对推进中文科技期刊的开放发展具有重要保障作用。

（三）基于创新技术，探索开放模式

中文科技期刊的开放发展需以现代化的技术手段作为支撑。云计算、大数据、区块链、人工智能等新技术与科技期刊出版深度融合，有助于提升科技期刊的知识服务能力、推进科技期刊的开放发展进程，最终形成数据驱动、人机协同、跨界融合、共建共享的科技期刊全过程、多元化开放发展新模式。此外，要加快基础设施建设，做强资源共享。开放数据是支撑开放科学时代科技创新的知识再利用基石。[①]科学数据开放共享是科学数据管理的重要环节，要建立开放科学基础设施建设和管理政策，基于新技术积极建设数据共享平台，才能不断提高数据可获取性与引用率，创新服务形式，提升用户使用体验，支撑更有效的开放科学创新活动。

---

① 赵昆华，刘细文，龙艺璇，等．从开放获取到开放科学：科研资助机构的理念与实践 [J]．中国科学基金，2021，35（5）：844-854.

第
四
章

第二节　国际传播是中文科技期刊开放发展的重要方向

一、开放科学与科技期刊国际传播

在国外，出版的国际化及科技期刊的国际传播始于 19 世纪。如英国牛津大学出版社早在 1896 年即在美国纽约设立了自己的分社，进行海外图书投资生产与营销零售一体化，开始了出版全球化进程。1907 年，美国 *Chemical Abstracts* 出第一卷时就实现了国际化，也进入了中国。有些期刊为了实现良好的国际传播，把本国文种改为英文，如德国著名的 *Zeitschrift Fur Physik* 从创刊时全德文，到 1981 全部用英文发表；意大利的 *Il Nuovo Cimento* 从 1959 年用意、德、法、英文混合排，到 1971 年全部用英文发表，从而也完成了国际化进程。[①]

国际传播这一概念源自西方国家。国际传播学界的著名学者莫拉纳曾把国际传播定义为："包括通过个人、群体、政府和技术在两国、两种文化或多国、多种文化间传递价值观、态度、观点和信息的研究探索领域，同时是对促进或抑制这类信息相关体系结构的研究。"罗伯特·福特纳在《国际传播》一书中说："国际

---

① 钱俊龙，熊樱菲，潘小伦，等 . 国际化——学术期刊必走之路 [J]. 中国科技期刊研究，2002，14（Z1）：749-753.

传播的简单定义是超越各国国界的传播，即在各民族、各国之间进行的传播。"他还明确提出，对于人与人之间的交流或非大众的交流将不进行讨论。国际传播就是跨越国界的传播。到目前为止，关于国际传播还没有形成一个能够被学术界广泛认同的、具有权威性的定义。总体来说，国际传播的定义分为广义和狭义两种。广义的国际传播包括所有的国家与国家之间的外交往来行为，例如首脑互访、双边会谈、地区间峰会以及其他相关事务。广义的国际传播活动是随着国家的出现而出现的。狭义的国际传播是随着大众传媒的出现和发展以及信息全球化的逐步展开而兴起的，在大众传播基础上所进行的国与国之间的传播。例如开设国际广播电台，向其他国家发送广播节目等。无论是广义的或是狭义的国际传播都包括两个部分：一是由外向内的传播，将国际社会的重要事件和变化传达给本国民众；二是由内向外的传播，把有关本国政治、经济、文化等方面的信息传达给国际社会。

"国际传播"作为一个概念被中国学者及业界认同并使用，可以追溯到20世纪80年代初。随着国际传播概念的提出，科技期刊工作者们意识到科技期刊实现国际传播的重要性，这为科技期刊的发展指明了重要的方向。1989年，周治兴在《科技情报工作》上发表了《科技期刊的标准化和国际化》一文，是目前能查到的我国最早关于科技期刊国际化的研究论文。[①]通过整理科技期刊国际化研究成果可以发现，科技期刊国际化的核心要素是内容的国际化，形式化特征包括稿源国际化、编委国际化、审稿规则国际

---

① 周治兴. 科技期刊的标准化与国际化 [J]. 科技情报工作，1989（3）：13.

化、语言国际化、出版发行国际化、经营管理国际化、传播国际化等。其中，传播国际化是科技期刊国际化的重要特征，它包括传播特点、传播途径、传播模式和传播评价等方面内容。

科技期刊从诞生之日起就承担着传播的重任，显然，使用国际通行的科技语言的科技期刊更易于实现科技期刊的国际传播。但是，纵观科技期刊发展历史，本国语科技期刊对于本国科技发展也有着积极的、重要的促进作用，甚至是科技交流中主要的学术信息载体。可以说，本国语科技期刊也有着天然的被传播的初始动力和趋势，中文科技期刊的国际传播问题显然也值得学界、业界思考。

（一）科学的未来是开放的，期刊的国际传播是开放科学的体现

科学是开放的事业，是合作的事业。开放、交流是科学与生俱来的本质属性和文化基因。数字化、网络化的传播是科学传播的重要途径，为人类文明带来革命性的飞跃。因此，开放科学必然成为科学发展的新方向。作为荟萃人类文明、引领科技发展的重要载体，科技期刊的未来也必然是开放的，科技期刊的国际传播是开放科学的体现。

科技期刊国际化过程也是在世界范围内争夺出版资源的过程。从抢夺订阅市场到抢夺中国优质稿源，国际出版品牌与本土学术出版竞争日益激烈，造成大量优秀科技成果外流。改革开放以来，中国期刊业在国家政策和科学技术的支持下迅速崛起，在出版规模、数量以及效益质量等方面逐渐扩大，成为期刊大国。中文科技期刊扩大国际影响是由自身的学科发展水平、期刊发展水平和品牌效应决定的，是期刊发展的必经阶段，是期刊国际化自身的

核心需要。

国内外的科技期刊都面临着同样的国际传播问题，由于语言的因素，中文科技期刊的国际化尤其困难。我国的中文科技期刊还处于"被国际化"阶段，面临着办刊模式守旧、缺乏竞争力、评价体系和指标不完善、学科分布不平衡等诸多问题，国际化程度参差不齐，大多数科技期刊的国际影响力不足，因此，科技期刊要明确自身方向和定位，确立期刊阶段性目标与任务，有针对性地提出国际化不同的发展策略。

此外，随着大数据时代的到来，数字技术和人工智能技术的发展极大地降低了多语种之间的语言障碍，这为扩大中文科技期刊的国际化传播提供了重要的助力。我国科技期刊需要借助新技术，构建新的数字化平台，进一步增强对国内外学者的吸附能力，汇聚更多优秀科研成果，健全自主可控的学术交流渠道，进行全球范围的传播，让科研成果惠及全球发展。

（二）开放科学时代中文科技期刊国际传播新挑战

开放科学时代已经到来，中文科技期刊的国际传播面临前所未有的机遇和挑战，正处于重要发展机遇期。

第一，在开放科学的时代背景下，科技期刊将面临更突出的数据安全和科研诚信问题。期刊数字化是中文科技期刊国际传播的重要形式，中文科技期刊需要不断完善科技信息政策，缓解由此引发的科学伦理等基本问题。2018 年 3 月，国务院办公厅印发了《科学数据管理办法》，这是我国首个在国家层面出台的科学数据管理办法，该办法加强和规范了科学数据管理、安全保障和开放共享，为科学数据工作提供了行动纲领。中文科技期刊可以以此类政策为基础，建立更完善、更适应于中文科技期刊数据管理的相关政策，从而保障中文刊期国际传播的安全性、有效性和规范性。

第二，在开放科学的时代背景下，科技期刊需要建立国际化的新规则。开放科学的目标是以合作共享的方式促进科学发展，激发科学创新，开放科学促使更广泛的国际合作，科技出版和科技期刊作为重要内容的来源和平台，需要协助建立更包容的科研生态。中文科技期刊需要建立与国际接轨的、适应国际化传播的规则和规范，不论是"走出去"还是"引进来"，中文科技期刊国际传播都需要相应的规则和秩序，期刊的规范化、标准化是实现国际传播的基础，有利于提升中文科技期刊的国际传播效果。

第三，技术和人工智能的作用日益凸显。从科研成果展示到同行评议过程优化等功能，人工智能工具已经证明它们能够彻底改变科学研究及其分享方式，从而促使中文科技期刊从"借船出海"向"造船出海"的模式转变。中文科技期刊国际传播离不开数字传播平台建设，而开放科学的基础是数字化、可访问性、机器可读性、可再现性，开放平台建设也是开放科学发展的重要内容。对数据访问需求的增长，必然要求加强基础设施的开发。中文科技期刊国际传播平台建设就是开放平台建设。

这是一个"公民科学"或"大众科学"的时代，因此，中文科技期刊不仅仅只能服务于本国的科技发展，中文科技期刊的国际传播必然有利于促进全球的学术交流和科技发展。

二、中文科技期刊的国际传播

我国的科技期刊国际传播研究始于20世纪90年代。2001年，中国正式加入WTO，随着我国对外交流和合作的进一步加大，我国科技期刊的国际化加快了发展进程。2007年11月22日，《新闻出版业"十一五"发展规划》中提出：积极实施"中国新闻出版业走出去"战略，[①] 以国际汉文化圈和西方主流文化市场为重点，努力提高中国出版的国际竞争力和中国文化的国际影响力。2019年，"卓越行动计划"对中文科技期刊进行了专项资助，资助比例超过三分之一，达35.7%，这对中文科技期刊的影响力、传播力、服务能力等都具有极大的促进作用。由此，经过多年的大力推动，我国科技期刊的国际影响不断提升，中文科技期刊作为我国科技期刊的重要组成部分也获得了快速发展，中文科技期刊的国际影响力不断增强。

（一）"借船出海"是中文科技期刊主要的国际传播形式

与英文科技期刊相比，中文科技期刊在国际化程度、国际传播力和国际影响力等方面均存在较大差距。受到政策资金、传播平台建设基础、传播能力等多种因素的影响，目前中文科技期刊还缺少"造船出海"的能力，依托国际出版传播平台"借船出海"仍是中文科技期刊最主要的国际化传播形式。对国际著名数据库收录中文科技期刊的相关情况进行数据分析，可以一定程度上展现中文科技期刊的国际传播现状。

---

① 中华人民共和国国家新闻出版广电总局.新闻出版业"十一五"发展规划[EB/OL].2007-11-22.http://www.gapp.gov.cn/news/2065/115776.shtml.

尽管中文科技期刊的国际传播程度受到语种等方面的限制，但仍有一些中文科技期刊经过多年努力，被国外SCI、EI、Scopus、PubMed、DOAJ等重要数据库收录，让更多的国外读者能够检索、下载和引用中文文献，实现国际化传播的目标，扩大期刊的国际影响力。

表4-2所示为国外收录中文科技期刊的典型数据库特征。由表4-2可见：

（1）SCI数据库覆盖学科范围广，它于1995年进入中国，陆续收录中文科技期刊达18种，但2002年之后未新增收录中文科技期刊。因此，SCI收录的中文科技期刊不能全面、准确、客观反映目前中文科技期刊国际传播现状，且在目前破除"唯SCI"论的背景下，SCI数据库并未成为中文科技期刊优先选择国际化传播的平台。

（2）EI数据库主要收录工程、应用科学领域科技期刊，于1979年进入中国，截至2020年PMC数据库收录中国大陆的中文科技期刊有158种。

（3）Scopus数据库覆盖学科范围广，于2004年进入中国，截至2020年Scopus数据库收录中国大陆的中文科技期刊有403种，数量较多，且在中国科协的大力推动和支持下，近期会有更多中文科技期刊被Scopus数据库收录。

（4）PubMed数据库主要收录医学领域科技期刊，于2000年进入中国，截至2020年PubMed数据库收录中国大陆能够用于研究样本的中文医学期刊只有59种。

（5）DOAJ数据库覆盖学科范围广，于2008年进入中国，截至2020年DOAJ数据库收录中国大陆的中文科技期刊只有28种。

表 4-2 国外收录中文科技期刊的典型数据库特征（截至 2020 年）

数据库	所属机构	更新周期	收录的中文期刊数量	覆盖学科	进入中国的时间
SCI	美国科学情报研究所	每年	18 种 a	各个学科	1995 年
EI	Elsevier	每年	158 种 b	工程、应用科学领域	1979 年
Scopus	Elsevier	每年	403 种	各个学科	2004 年
PubMed	美国国立医学图书馆	每日	59 种 c	医学	2000 年
PMC	美国国立医学图书馆		6 种 d	生物医学	2000 年
DOAJ	瑞典 Lund 大学图书馆	随时	28 种 e	各个学科	2008 年

注：a：2002 年以后未新收录中文科技期刊。

b：近年来有更新，但变化不大。

c：通过 PubMed 数据库初步检索到 75 种中文医学期刊，经查阅期刊简介信息，排除 16 种不符合要求的期刊。其中，2 种期刊曾经是中文期刊，现已变更为英文期刊；9 种期刊是含有中文摘要的英文期刊；4 种期刊主要刊登英文文章，偶有中文文章；1 种期刊出版地为我国台湾地区。

d：截至 2020 年 9 月 30 日，已有《中国肺癌杂志》《南方医科大学学报》《北京大学学报（医学版）》《中国当代儿科杂志》《华西口腔医学杂志》《中华血液学杂志》等 6 本中文期刊被 PMC 收录。

e：DOAJ 数据库共收录中文期刊 54 种。中国 43 种（大陆 28 种、台湾 14 种、香港 1 种），美国 2 种，丹麦、芬兰、法国、韩国、新西兰、菲律宾、波兰、新加坡、英国各 1 种。

（二）中文科技期刊国际传播影响力评价

国际传播力是国际传播研究的重要概念之一。对国际传播力的研究也成为目前中国媒体国际传播研究的难点和薄弱环节。什么是国际传播力？国际传播学者刘继南认为，国际传播力是一个主权国家所具有的一种特殊力量，包括政府和民间拥有的传播力量的总和，是为争取和实现国家利益在国际范围内进行信息交流的能力和效力。对于科技期刊而言，科技期刊的国际传播力是其所具有的国际传播的能力和效力。

　　我国科技期刊界一直在探索科技期刊的国际传播力评价问题。2012 年 12 月 26 日，中国学术期刊（光盘版）电子杂志社、中国科学文献计量评价研究中心与清华大学图书馆发布了《中国学术期刊国际引证年报》。这是我国首次从文献计量的角度，全面、系统、深入地向社会揭示我国学术期刊走向世界取得的成绩和存在的问题，标志着我国学术期刊有了统一的国际影响力品牌标识。在首次发布的 176 种中国最具国际影响力学术期刊和 176 种中国国际影响力优秀学术期刊中，中文科技期刊分别占 53.4% 和 83.5%。[①]这说明，这些入围期刊已成为具有一定国际传播能力的国际化期刊。12 年来，国际影响力学术期刊的遴选见证了我国学术期刊"走出去"的进程和国际影响力的快速提升。

　　为了建立新的期刊评价系统，更加全面评价科技期刊在当今社会对全球科技创新活动提供的出版传播服务及其学术影响力，2020 年，中国科学技术信息研究所、《中国学术期刊（光盘版）》电子杂志社有限公司、清华大学图书馆、万方数据有限公司、中国高校科技期刊研究会、中国科学技术期刊编辑学会联合研制了世界科技期刊评价报告——《科技期刊世界影响力指数（WJCI）报告》（简称《WJCI 报告》。《WJCI 报告》客观反映了以中国为代表的新兴科技大国的真实贡献，有利于推动世界科技期刊公平评价、同质等效使用。该报告发布的评价指标"科技期刊世界影响力指数"（World Journal Clout Index，简称 WJCI）采用了基于引

①　黄河清，韩健，张鲸惊. 从《中国学术期刊国际引证年报》数据看我国科技期刊国际影响力现状 [J]. 中国药学：英文版，2015（3）：200-204.

证数据的"世界学术影响力指数WAJCI"和基于网络使用数据的"网络影响力指数WI",全面反映了期刊质量、信息量、办刊历史及其对基础研究、应用研究等学术活动的影响力。

2022年,中国科学技术协会发布了《中国科技期刊传播力报告(2022)》。[①]该报告根据美国学者拉斯韦尔的传播"5W"理论,从传播者、传播内容、传播渠道、受众和传播效果五个维度设计了科技期刊传播力指数,综合评估了我国科技期刊的传播力。

综合上述各评价体系来看,中文科技期刊的国际传播力普遍较低,具有缺乏国际传播意识、传播理念过于传统、传播内容参差不齐、传播渠道单一、国际用户覆盖率低、受众主题意识不强、传播效果欠佳等特点。我国科技期刊在全球科技期刊竞争中,存在传播力不够大、影响力不够强和社会认可度不够高等问题,需要从多层次、多角度、多方面完善传播要素,进行传播力建设,不断提升影响力。

（三）中文科技期刊国际传播的影响因素

中文科技期刊的国际传播主要受到出版语种、期刊管理模式、传播模式、稿源质量等因素的影响。

（1）出版语言是影响中文科技期刊国际传播的根本因素。

有人认为:当今世界上科技传播和文化交流的通用语种就是英语,中文期刊不符合国际化期刊的基本特征;语言的障碍是中文科技期刊的天生缺陷,无法改变;目前中文科技期刊稿源质量偏低、境外用户少,特别是获得明显国际传播成效的中文科技期刊非常

---

① 中国科学技术协会.中国科技期刊传播力报告（2022）[M].北京:科学出版社,2022.

少；因此，中文科技期刊不需要考虑国际战略，投入大量的人力物力进行国际化传播得不偿失。显然，这样的观点过于狭隘，不利于中文科技期刊的高质量发展。

首先，从科研成果的共享交流的角度出发，我国的学术研究工作者需要将自己的最新学术成果与国际同行进行交流，希望自己的论文能在世界学术研究交流平台上显示，并得以全球范围的传播，这样才能为中国的学术发展营造一个更为有利的环境，促进我国科技文化创新事业的进步和发展。目前我国的英文科技期刊还不足以支持我国日益增长的科学研究成果的发表。此外，大量优质科研成果不但要支付巨额版面费用于发表在国外的期刊和平台上，而且要支付大笔订阅费才能下载引用，这种局面急需改变。

更为重要的是，中国要在国际上占有一席之地，中文就要在各个领域拥有相应的国际地位。虽然我们必须承认当今世界上科技文化交流和传播的首选语种是英语，但同时也需要保持民族文化自信心，我们要相信英语霸权不可能是永远合理的、长久不可改变的。如果我们一味地把国内优秀研究成果发表在国外期刊或者只考虑用英文来推介中国的学术成果，中文科技期刊只会越来越被边缘化。作为中国学者和期刊人，有责任更多地参与到国际交流之中，努力让国际学术界和期刊界更了解中国。同时，坚持中文传播也是发扬中华文化、提高民族凝聚力的使命所在。若能在遵循国际学术期刊发展规律的基础上，结合中文科技期刊特点，把优秀的中文科技期刊推向世界，则可提升中文科技期刊在国际学术界的影响力，进而使中国在世界范围内获得更多的话语权和掌控力。这是昂首挺胸走出去的姿态，更是一种民族自信的表现，这才是在推动中国科研成果的国际交流与融合过程中应该推崇的理念。因此，中文科技期刊应在立足本土的同时，有必要努力走向世界，打通国际传播途径。

（2）中国特色的期刊管理体制是影响中文科技期刊国际传播的重要因素。

体制机制的制约主要包括资源配置方式和学术评价机制两个方面。在期刊出版管理模式方面，我国出版资源市场配置机制还存在明显的计划经济色彩。①中文科技期刊的准入、退出机制并不是由市场决定而是由管理部门审核，长期以来中文科技期刊虽然总量较大，但优质期刊比例并不高，而大多数科技期刊缺少市场竞争力和国际影响力。期刊出版从形式到内容也需要经过层层审批，在一定程度上影响了科技论文发表的时效性，进而大大降低了其学术交流的作用。②期刊的同质化问题非常严重。以中国高校学报为例，中国大多数高校都主办了一种甚至多种学报，这类学报的作用大多是为了解决本校的研究成果的发表问题，从办刊宗旨到栏目设置大多雷同，一般为综合性期刊，缺少鲜明的特点，基本上是在一个封闭的圈内循环。主管主办方也并不太重视期刊的发展，在资源配置方面未提供足够的资金和人员配置，期刊的市场意识不强、营销意识薄弱，因而也缺少吸引优质稿源的能力，严重影响期刊发展，更谈不上国际化的发展。③中文科技期刊人才队伍建设也直接决定了期刊的社会影响力。据了解，一些中文科技期刊的运营团队加上主编在内只有三五个人，一些期刊编辑队伍缺少高层次的专业人才，没有做到编辑学者化，因而不能准确把握学术研究的当前热点，也不能找到并深入研究中国问题并将其放在全球化背景下进行考量；一些期刊缺少掌握新技术、新媒体运营的专门人才，在期刊新媒体传播路径方面缺少经验，更谈不上实现国际传播。④缺少激励机制和经费支持。大多数主管主办单位并不重视中文科技期刊的国际传播，缺少开展国际化传播的激励机制。此外，中文科技期刊的办刊经费紧张，大多数期刊缺少市场竞争力，没有创收能力，办刊经费基本靠主办单位的拨款。不论是建设传播平台还是引进技术力量开展新媒体传播，都会极大增加期刊的办刊成本，大多数期刊无法承担相应的经济压力。

在学术评价机制方面，我国科技期刊评价过度依赖西方评价体系，入选EI、SCI等大型国际数据库成为科技期刊国际化的重要指标。受制于国外大型数据库的传播，我国科技期刊"走出去"的道路必然难上加难。我国科技期刊急需重构评价体系，改变"唯SCI"的评价现状，自主建立中文科技期刊的国际传播平台。

（3）期刊论文质量是影响中文科技期刊国际传播的主要因素。

中文科技期刊的学术质量取决于论文的质量。一流的学术期刊要靠一流的学术成果支撑。只有刊载了一流的学术成果，才能更好地提升期刊学术质量，提升期刊的学术影响力，进而得到世界同行的认可。我国是科研大国，但也是科研成果外流最严重的国家。导致科研成果外流主要有两方面原因，一方面是国内的科研评价导向的错误与评价体系的偏差，另一方面是以美国为主的发达国家的科技期刊的影响力与吸引力。只有走自主创新的道路，为科研创造适宜的人文环境，同时建立以质量和创新为导向的学术评价体系，建立我国自主研发的具有国际影响力的期刊索引数据库，才能有效减少科研成果外流。这不仅能够增强中华民族的学术话语权，而且有助于科研人员转变观念，回归科研本真，重视科研本身的价值，忽视科研本身以外的因素，以科学研究提高国家民族综合实力与文化科技自信。

（4）国际传播渠道建设是影响中文科技期刊国际传播的基本因素。

国际传播渠道是指国际传播主体和客体之间沟通、交流信息的通道，包括实体渠道和虚拟渠道。实体渠道包括各种海外分支机构、海外营销人员队伍等，虚拟渠道主要是基于互联网和移动终端设备的网络平台。两种渠道必须密切配合，才能在国际传播中发挥更大的作用。国际传播渠道的建设需要大量的人财物资源，目前，我国学术期刊规模较小，只能依赖于国内外其他出版主体的国际传播渠道。中文科技期刊国际传播渠道建设与使用存在的问题包括：对国外出版集团和数据库过度依赖；缺少整体性规划，国际传播渠道延续单刊的分散格局；国内外开放性学术平台的渠道作用尚未凸显等。传播平台有限和语言障碍，也大大削弱了大部分中文研究成果在国际上的传播与应用力度。因此，完成数字化转型升级，扩大国际化传播路径，已成为我国学术文化"走出去"、提升国际影响力的关键问题与战略突破口。

（5）中国科技的国际认可度是影响中文科技期刊国际传播的关键因素。

科学无国界，但科学家有祖国，科技期刊有国别。面对中文科技期刊国内外学术界的认同现状，必须有针对性地实现中国科技界的话语权的提升，从根本上改变失序的评价倾向。一是要从供给侧切实提升我国科技生产力，提升我国科技人才培养能力。二是增加对中文科技期刊的投入，以"把文章写在中国大地上"的战略为时代契机，构建中文科技期刊智库体系，多元化提升我国中文科技期刊结构性发展力和扩散力。三是中文科技期刊的权威价值重构离不开媒介的传播和塑造，权威价值直接指向人的主体性，主体性和身份认同往往相互作用，特别是基于社交网络的新媒体时代，必须将价值认同与媒介信息凸显深度融合，实现中文科技期刊的主体性身份认同，及其在权力体系中的社会认同。①

三、中文科技期刊的国际化对策

（一）明确国际化的发展方向，树立国际化的办刊理念

科技期刊的办刊理念问题是科技期刊最重要的问题，没有正确的办刊理念就等于没有正确的发展方向。目前，中文科技期刊国际化程度较低，国际传播能力弱，这不仅与中文并不是国际语言、中国不是世界科学中心的大环境相关，而且还与中文科技期刊国际传播的理念不一致有关。有部分研究者认为，中文科技期刊的使命是服务中国的科学研究，保护中国的知识产权，并不是所有期刊需要都实现国际化传播，而且非英文期刊的国际影响力十分有限，其影响因子大部分为本国学者贡献。因此，中文科技期刊必须坚守民族性，做好知识和信息服务工作，不宜过分强调

① 江津. 国际化背景下中文科技期刊的社会认同 [J]. 科技传播，2020（5）：63-65.

国际影响力。①②但是，中文科技期刊作为我国科技期刊的主力军，肩负着引领中国科技创新的重要任务，必须适应科技期刊发展规律，主动开展国际化建设。中文科技期刊要整体规范布局，从顶层设计开始，认清形势，统一认识，统筹规划，以政策促发展，积极提升中文科技期刊的国际传播能力，建立中文科技期刊国际传播体系。

我国科技期刊的国际化探索始于20世纪八九十年代。经过三十多年的发展，我国科技期刊国际影响力整体水平不断提升，作为我国科技期刊的重要组成部分，中文科技期刊的国际影响力也不断增强。在开放科学的背景下，我国科技期刊国际化成为必然趋势。自2019年中国科协等四部委发布《关于深化改革 培育世界一流科技期刊的意见》以来，我国科技期刊界加快了国际化建设进程。中国科技期刊卓越行动计划不仅要重点建设一批高质量精品英文科技期刊，而且将中文科技期刊也纳入了建设目标中，可见，中文科技期刊也需要将国际化发展纳入期刊发展目标中，成为推动我国科技期刊高质量发展，加快建设世界一流科技期刊的生力军之一。

中文科技期刊要提高国际化水平，除了科技期刊积极探索国际化传播举措，加大国际化建设力度外，还需要借助我国国际地位的不断提升，必然需要经历较长的发展时间，因此，坚持国际化的发展方向对于中文科技期刊的发展至关重要。

---

① 刘雪立，郭佳 . 中文科技期刊评价：现状·问题·建议 [J]. 编辑学报，2020，32（1）：5-9.
② 王晴，王跃 . 所有的中国科技期刊都要国际化吗 [J]. 编辑学报，2005（6）：458-459.

（二）建立国际化的管理运行机制

目前，我国科技期刊管理体制复杂，运行机制不灵活，客观上造成了科技期刊的竞争发展能力不足，使科技期刊总体上资源分散，集成度不高，小、散、弱现象比较突出。我国大部分科技期刊仍沿用单刊形式的"小作坊"运作，期刊服务内容少，服务方式单一，产业链条不完整，缺乏资源整合能力。同时，科技期刊市场化程度不高，由于主管主办单位行政管理的束缚，新刊创办和兼并重组困难重重，科技期刊的产权与经营权不能成为市场中的流动资源，因此难以形成市场化的集约经营和规模效益，期刊的整体运营水平和自主良性发展能力难以有效提升。

因此，要实现建设世界一流科技期刊的目标，需要改变科技期刊传统的管理运行机制，以适应开放科学环境下科技期刊的国际化发展。首先，我国科技期刊的管理要加强顶层设计，通过重点突破、分步推进、分类施策等方式逐步破除体制性障碍和结构性矛盾，打破期刊编辑部"小作坊"式的运作模式，促进我国的科技期刊开放竞争发展。其次，要从增强期刊的自主办刊能力和改善期刊的发展环境等方面着手，通过政策引导和经费扶持，尽快促进我国科技期刊实现自主、可持续发展。针对科技类学术期刊的特点，在期刊管理、集约化、市场化运作等方面给予更为灵活、适用的政策，加速我国科技期刊的布局以适应学术研究发展的需要。要以服务学科发展、促进科技国际传播为目标，借鉴世界一流出版机构或期刊社的运作模式，针对科技期刊试点实施市场化运作模式，优化产业结构，集中资源优势，从根本上激发办刊人的内生动力，引导我国科技期刊以市场化发展为基础的资源整合，促进期刊集群化发展。在优化我国科技期刊发展环境方面，相关的科研管理部门、基金资助机构、科研机构等应加强完善评价激励机制，完善中外科技期刊同质等效、分类评价的学术评价机制；在成果评价、人员晋升、奖项评比等方面破除"五唯"，扭转不科学的评价导向，尽快制订和完善适应开放科学发展的科技出版制度和规范，引导重要研究成果优先在中文科技期刊发表，在学术资源、经费支持、办刊队伍等方面营造有利于我国科技期刊竞相发展的良好氛围。科技期刊只有在运营理念、运营架构、运营人力、运营实践等方面不断审视自我，深入推进实施运营模式创新，才有可能产生强大的内驱力，从而实现自身的蜕变。

（三）采取国际化的办刊举措

中文科技期刊的国际化发展需要参考世界一流出版机构或期刊的办刊模式，从内容、办刊人员和传播推广途径等方面着手，采取双语出版、加强国际编委建设、培养优秀国际化编辑人才、拓展国际化传播手段等措施不断提高期刊的国际化程度。

（1）中文科技期刊双语出版模式。

出版语言的国际化是科技期刊国际化的基础和重要特征。英语在相当长的时间内将继续保持世界语言的地位，母语为非英语的科学家普遍认为英语期刊可以得到更多的关注和引用，更加倾向于用英语发表论文。在相当长的时间内，中文科技期刊将由于语种问题面临国际传播的劣势，因此，双语出版模式成为中文科技期刊首要采取的国际化措施。中英双语出版（简称"双语出版"）的类型包括双语对照出版和双语混合出版，前者是将同一篇文章以中文和英文分别在中文期刊和英文期刊同时发表，后者是指期刊上同时发表中文和英文文章的模式。

随着国家鼓励中国文化"走出去"政策的实施，我国涌现了一些双语出版科技期刊。据统计，2017年只有46种双语出版期刊，至2020年已有170种。[1][2]这些双语出版期刊使中文出版面向国内，英文出版面向国际，同时兼顾了科技期刊交流传播的深度和广度，成为中文科技期实施"走出去"战略的重要措施之一。

此外，很多中文科技期刊尽管没有采取双语出版，但是也要求作者在撰写论文时增加英文信息，以便降低国际读者的阅读障碍，例如在文题、摘要、图题、表题、参考文献等论文要素中同时采用中英文两种表述形式。一些期刊，如《煤炭学报》和《中国中药杂志》等，增加了英文长摘要，在原有英文摘要的基础上（200—300字）将英文摘要扩展至800—1200字。中国科学技术信息研究所从中国精品科技期刊中评选出各学科年度前1%的高被引论文（F5000项目），这些论文被要求提供超过1000字的英文长摘要，以便进入Web of Science、JST等多家国际数据库供全球业内同行检索和利用。F5000论文代表了我国优秀的学术研究成果走向世界学术舞台。还有一些期刊，如《高电压技术》《化工学报》《中国电机工程学报》《煤炭学报》《中国中药杂志》，参加了中国知网"中文精品学术期刊外文版数字出版工程"（即双语出版工程），授权中国知网从已经发表在本刊的学术文章中遴选适合在国际上传播的优秀中文文章，并以中英文对照的形式在中国知网的平台上面向全球在线出版和传播。

---

① 中国科学技术协会.中国科技期刊发展蓝皮书（2020）[M].北京：科学出版社，2020.

② 中国科学技术协会.中国科技期刊发展蓝皮书（2017）[M].北京：科学出版社，2017.

（2）吸引国内外优质稿源建设。

期刊发展离不开优质稿源。中文科技期刊走国际化的发展道路同样需要优质稿源才能真正提升国际影响力。除了实现"将论文发表在祖国大地上"的愿景，吸引国内优秀科研成果外，中文科技期刊也要吸引国际优秀稿源。在组稿约稿中，采取优先出版等措施可吸引国际作者或者国际合作作者的优质稿件，由此提高期刊国际论文占比和作者的国际化程度。

（3）提升人员国际化程度。

人员的国际化包括编委、审稿专家和编辑的国际化。

编委会是期刊的学术领导和决策机构，拥有一支优质、高效的编委队伍可以为打造优秀科技期刊奠定坚实的基础。编委国际化是期刊国际化的重要特征之一，编委的国际分布体现了期刊的国际化程度。首先，国际编委是获取国内外优质稿源的强有力保证，期刊可以充分利用国际编委的学术资源、语言和地理位置等优势，向国际作者开展组稿、约稿工作，有利于期刊的国际传播。其次，国际编委更了解国际学者关注的科研热点问题，可以在选题策划等方面给出更具前沿的意见和建议。此外，国际编委是很好的期刊国际宣传媒介，通过国外主流社交媒体宣传，能帮助期刊拓展海外作者和读者群，协助期刊与外部机构合作，建立学术口碑和期刊品牌。中文科技期刊遴选国际化的编委队伍可以从国际分布、组成特征、科研水平、贡献度和作者影响等五个方面考虑，以华人专家学者为切入点，组建包括我国和世界顶尖华人科学家在内的学术委员会。

"三审制"是期刊的基本制度。常见的稿件评审机制基本上可概括为以编辑为主导的审稿制度、以同行评议为主导的审稿制度和以网络为基础的开放式评价等3种方式。国际审稿专家在掌握学术前沿和知识动态上也极具优势，能为期刊筛选符合学科发展前沿的稿件，确保期刊刊登的文章符合国际科研热点。中文科技期刊因为语言不通所造成的信息壁垒，无法将稿件送给母语非中文的专家学者审稿，可以邀请具有国际化视野、在国际学术圈活跃的华人学者审稿。同时，中文科技期刊要建立审稿质量评价机制，加强审稿人素质培训，健全审稿人数据库，建立一支具有学术水平高、责任心强且积极参与期刊发展的审稿人队伍。

期刊编辑负责期刊的日常运营，是期刊建设的主要力量。期刊编辑除了具有专业的办刊能力外，还需要开拓国际化视野，紧跟国际动态、充分把握国际资源，提高选题策划的先进性，把国际上最新的编辑理念、出版理念、经营理念引进来，不断提升期刊的国际化发展水平。建设一支高水平、专业化的职业编辑出版队伍，通过完善的职业编辑人才培养、评价和奖励机制，提高编辑队伍的创新能力和国际化、专业化水平，这是建设高水平科技期刊的关键因素。

（4）扩展国际化的传播渠道。

中国的学术期刊，特别是中文科技期刊，能"施展拳脚"的国际传播平台极其有限。随着移动设备和技术的革新，大众的阅读方式发生了翻天覆地的变化，学术成果的传播也随之多样化、网络化、数字化、移动化。网络的快速发展和期刊的数字化发展为期刊的国际化传播提供了极大的便利。借助网络化的传播方式，搭建数字化平台实现全网通，有利于学术成果的传递和国际检索。

目前主要的国际化传播路径包括邮件推送、自建英文网站、利用国际社交媒体等。邮件推送是目前国际传播的主要策略。通过邮件推送，实现期刊的精准传播，将极大地提高传播效果。随着数字出版的进程不断推进，大多数中文科技期刊已经自建了官方网站，其中，部分中文科技期刊还增设了英文网站板块，破除了国外读者登录国内网站的障碍，为国外读者提供了期刊介绍、期刊论文检索下载等服务，境外浏览量和下载量不断提升。随着新媒体技术及社交媒体平台的发展，中文科技期刊的宣传推广向网络化、多元化、精准化、国际化发展。一些中文科技期刊开设了"两微一端"的新媒体账号，形成了新媒体矩阵，并从国内社交媒体逐渐向国际社交媒体过渡。

第一，与国际出版商开展深入合作。在开放科学的时代大环境下，我国科技成果和科技期刊既要寻求自身的发展之路，又要与国际接轨，中国科技期刊不能闭关锁国，封闭发展，而是应该顺势而为，积极开展国际化合作和交流。2013年习近平提出"一带一路"倡议，极大地促进了共建"一带一路"国家的科技发展。"十四五"期间，面对国内外新形势、新格局，仍需进一步开放创新，加强国际合作交流。

从目前的发展现状来看，我国科技期刊仍处于"借船出海"的阶段，缺乏"造船出海"的基础条件和能力，因此，开拓海外市场的重要手段之一就是要与国外出版商加强合作。中文科技期刊需要逐步建立国际出版合作机制，培养国际化办刊人才，通过加入国际知名数据库、与国际出版商开展版权贸易、合作发行和合作办刊等方式开展国际合作，获得更多、更快的国际认可，提升国际影响力，加快开展期刊品牌建设。此外，中文科技期刊也要培养版权保护意识，在坚持国家利益的基本原则下，保护科技成果的首发权、知识产权，维护自身的根本利益，提升国际话语权。

第二，大力建设国际化的出版传播平台。随着出版传播媒介和商业运营模式的多样化，传统的作者、编辑、出版商和读者之间的闭环被打破，数字出版能力和传播平台建设成为高效、开放出版的新模式，极大地加快了科研成果的传播速度，扩大了传播范围和提升了传播效果。因此，积极建设具有自主品牌的国际一流数字出版与传播平台，加大平台建设资金和人才投入，更好地服务科研成果的国际传播，这是目前我国科技期刊高质量发展的重要内容，也是未来需要不断努力的重要方向。

首先，要进一步推进我国科技期刊出版的转型升级与融合发展，通过加快自主品牌的数字出版平台建设，提升期刊的服务水平与传播能力，尽快改变信息发布、传播需要依靠国外出版平台的模式，从根本上改变我国科技期刊和学术论文只能"借船出海"的被动局面。

其次，在开放科学背景下，开放获取出版已成为一种在线自由获取和再利用文献的新学术传播机制，中文科技期刊应尽快适应新机制，推动科技期刊的开放获取出版，完善开放获取出版的规范化运作，构建自主产权的开放获取平台。

此外，开放科学的出现推动了学术信息服务的快速发展，催生了新型的出版方式，如欧洲开放研究计划（ORE）在同行评议和正式发表前增加的预印本发布。传统出版模式必须尽快适应开放科学时代新型的出版方式，建立配套的出版流程和运营模式。在开放科学时代，数字化、模块化和网络化提高了信息传播效率，促进了多学科研究成果的生产和传播，推进了不同领域之间的合作和联系，同时也为中文科技期刊的国际化传播之路搭建了成功的阶梯。

第三节 开放获取是中文科技期刊开放发展的主要形式

一、开放获取的概念及发展历程

开放获取（Open Access，简称OA）是指免费、即时、可在线提供研究成果（如期刊文章或图书），以及在数字环境中充分使用这些成果的权利。开放获取可以加快科研成果的广泛传播，增加引用和扩大影响的机会，极大地推动学术出版向更加开放透明的方向发展，是开放科学运动的重要形式。自2001年，"布达佩斯开放获取计划"（Budapest Open Access Initiative，简称BOAI）发布以来，开放获取出版业务模式已逐渐被国际学术期刊认可。

OA运动从20世纪90年代开始发展至今，总体上可划分为4个阶段。

（1）OA探索阶段（20世纪90年代至21世纪初）。在该阶段，信息技术和互联网技术的发展使得学术交流体系发生了深刻的变革，互联网技术为人们构建起更自由的学术交流环境，学术信息的网络传播更加便捷。arXiv的建设、各类关于OA的倡议与声明皆为后续发展奠定了坚实的基础。

（2）OA发展阶段（2006—2015年）。2006年是OA政策发展史上的一个分界线。2006年，各国各机构都在开放获取方面出台重要政策，极大地推动了OA的发展。中国也在积极制定相关政策，推进OA的进程。例如：2014年5月中国科学院和中国国家自然科学基金委员会分别发布《中国科学院关于公共资助科研项目发表的论文实行OA的政策声明》和《国家自然科学基金委员会关于受资助项目科研论文实行OA的政策声明》，要求接受基金资助的项目论文应实行OA政策。此外，随着信息化数字化时代的到来，数字化出版技术的进步给开放式学术交流体系的建立提供了可能性和技术支撑。随着OA的不断发展，OA为科研人员学术成果的传播提供了重要路径，促进了信息交流，取得了系列成效。

（3）OA瓶颈期（2016—2018年）。OA发展引发各方关注的同时，经费、出版质量和知识版权保护、商业利益等方面的问题逐渐显现，成了OA发展进程中亟待解决的难题，OA运动进入瓶颈期。

（4）OA蓬勃发展阶段（2018年至今）。面向发展困境，利益相关者也迅速采取了积极行动，2018年，由12个欧洲国家研究资助机构组成的资助cOAlition S联盟推出了众所周知的S计划，S计划要求参与国家、机构以及欧洲研究委员会资助的科研成果，必须选择在OA期刊和OA平台上进行发表。随着OA运动的发展，OA论文数量规模不断扩大，OA期刊逐年递增。根据OA期刊目录

（Directory of Open Access Journals，简称DOAJ）数据，截至2023年11月全球有同行评议的完全OA期刊20133种。预计到2025年，金色OA论文将占90%，这一趋势反映了学术界对于更加开放、透明和共享的科研环境的追求，同时也突显了OA期刊在科研传播中的不断增长的影响力。

二、开放获取的类型

常见的开放获取类型有五种：绿色开放获取（Green OA）、青铜开放获取（Bronze OA）、金色开放获取（Gold OA）、白金和钻石开放获取（Diamond OA）、混合开放获取（Hybrid OA）。

（1）绿色开放获取（Green OA）：绿色开放获取方式允许作者将相应版本的稿件放入存储库，并在一定时间后（滞后期，Embargo Period）使全文被免费访问、获取。允许存放的文章版本及滞后期长短取决于出版社、资金方或所在机构的政策。与金色开放获取不同，绿色开放获取的文章版权通常保留在出版社或其他社会组织。

绿色开放获取一般无需作者支付费用进行分享。有一些绿色开放获取的论文版本可能没有经过校对，但可能经过了同行评议。出版商将保留一份完整的、经过同行评议的版本，也就是所谓的Version of Record（VOR），读者可以付费访问这些经过评议的、校对和排版加工后的论文版本。该版本不是绿色开放获取，但可在绿色开放获取下访问其他版本，如出版前版本和出版后版本。

另外，滞后期期间作者可将稿件放置在存储库中，只是对外公开获取存储文件的时间必须在滞后期之后。

（2）青铜开放获取（Bronze OA）：青铜开放获取是指出版商指定某些论文或材料免费在线出版，作者或机构不支付开放获取费用。出版商有权在任何时候撤销对这些内容的开放获取权，这导致一些人争论这是否符合真正的开放获取标准。

（3）金色开放获取（Gold OA）：金色开放获取方式是指出版商将已出版的学术资料免费提供到网上。它允许印刷后的最终版文稿在出版后立即被所有人自由且永久地访问并获取。这种方式是当下许多开放获取期刊采用的出版模式，也是一般情况下谈及"开放获取"这个概念所指代的形式。

金色开放获取不会向读者收取访问一篇论文的费用，而是在正式出版前由作者支付一篇文章的处理费（APC），某些机构或资助者可以为作者提供资金支付APC，有的出版社会提供费用折扣或限时完全免除APC。金色开放获取消除了文献下载的"付费壁垒"，能最大程度地拓展文章所能传达的受众范围。该模式下，作者保留所著文章版权。

（4）白金和钻石开放获取（Diamond OA）：在白金和钻石开放获取模式中，作者、机构和资助者不支付开放获取费用，文章可以免费在线阅读。出版方将支付出版过程中产生的所有费用。白金和钻石开放获取模式在大学出版社中很受欢迎，出版社将出版成本计入预算。

（5）混合开放获取（Hybrid OA）：混合开放获取是一种混合模式，期刊同时发布混合OA和订阅内容。其中部分文章采用金色或绿色开放获取方式，其余文章仍需读者、机构付费或订阅才能获取。Hybrid OA可以帮助期刊过渡到开放访问的商业模式，许多依赖订阅付费运营的老牌期刊正逐渐采取混合开放获取的出版模式，以提供作者更多出版方式选择，但一些人对所谓的"双重收费"的做法提出了异议。

三、中文科技期刊OA发展现状

据《中国科技期刊发展蓝皮书（2021）》统计，截至2022年5月17日，国内4963种科技期刊中，OA期刊有1810种，占总数的36.47%。其中，金色OA期刊227种，占比为4.57%；混合OA期刊101种，占比为2.04%；钻石OA期刊23种，占比为0.46%；青铜OA期刊1459种，占比为29.40%。订阅期刊2141种，占总数的43.14%。在101种混合OA期刊中，英文期刊有99种、中文期刊只有2种。在青铜OA期刊中，中文期刊有1322种、中英文期刊有73种、英文期刊有64种。

截至2022年4月，在DOAJ期刊目录中只有179种中国期刊。DOAJ收录的中国期刊以英文期刊为主，占比为69%；其次是中文期刊，占比为22%；中英文双语期刊占比为9%。在这179种期刊中，超过一半属于钻石OA期刊，93种期刊不收取论文处理费（APC），38种期刊论文处理费 ≤ 5000元，41种为5001—≤ 10000元，6种为10001—≤ 20000元，只有1种 > 20000元。[①]

获得卓越计划项目的期刊中，OA期刊占比较高。截至2022年3月，在245种卓越期刊中（除去5种科普期刊），青铜OA期刊数量最多，占比34%，主要以中文期刊为主；其次为混合OA期

---

① 中国科协技术协会.中国科技期刊发展蓝皮书（2021）[M].北京：科学出版社，2021.

刊，占比25%，全部为英文期刊；金色OA和钻石OA期刊主要为英文期刊，合计占比32%；订阅模式期刊仅占9%。与英文科技期刊相比，中文科技期刊的OA水平较低。这是因为长期以来我国的科研评价主要被SCI论文主导，中文期刊的发展受关注较少，整体而言处于比较边缘的地位。而将期刊转换成OA期刊虽然能一定程度上提升影响力，但是对于吸引优质稿源回流的帮助并不大，而且需要承担巨大的经济压力，因此，转换成OA期刊的原生动力不足，期刊出版单位并不愿意在OA上有过多投入。

中文科技期刊中的青铜OA期刊主要通过自建网站实现论文的开放获取，论文可以被免费访问，但大多没有清晰的版权规定，也没有执行明确的知识共享许可协议，规范性不强；且各期刊网站独立运营，较为分散，知名度及学术影响力较弱。但青铜OA模式期刊比例高达34%，说明大多数中文科技期刊已经具备OA意识，如果能够进一步促进青铜OA期刊的规范化发展，提高科技期刊国际化程度，促使更多的期刊加入DOAJ等更大的共享平台，将对中国OA期刊发展起到巨大的推动作用。

总体来看，国内科技期刊实现的是与国际标准不一样的OA出版方式，主要依靠国内公益集中开放平台或期刊官网实现的后端开放共享。如国家科技期刊开放平台集中开放期刊1300多种，但大部分的期刊具有一定开放滞后性。而大量实现"免费"阅读的国内科技期刊，也在知网、万方等第三方平台上进行集成、检索和下载，出现第三方平台订阅出版与官网、集中开放平台同步开放的局面。

四、中文科技期刊开放获取出版的发展路径

我国应加快制定国家开放科学战略规划并构建相应的开放科学监测框架；加快建设并完善开放获取、开放数据等国家级开放科学基础设施；成立开放科学监测工作组，采用文献计量等方法优先监测出版物与研究数据。针对当前中国OA期刊存在的问题，建议从提升期刊OA规范性、加强开放共享系统的学术影响力、扩大OA期刊规模和提升OA期刊质量等方面采取措施，以促进OA期刊更好的发展。科研机构、出版机构等要形成OA共同体，共同推进学术资源的开放共享。

（一）提升OA期刊规范性

国外OA期刊大多采用单一的数字出版形式，在OA出版传播方面遵循知识共享协议（Creative Commons License，CC）。而国内大部分科技期刊在授权方面依旧采用传统的版权转让方式，作者在发文前签署版权转让协议，即将汇编权、翻译权、复制权、信息网络传播权和发行权等转让给期刊编辑部；部分OA出版期刊要求作者选择CC协议，也会进行传统印刷而赠送或征订；一些与国外合作出版期刊，在版权方面多直接采用国外现有的政策。因此，遵循学术规范、遵循COPE道德准则发展具有中国特色的科技期刊OA出版，需要分析国内外学术期刊出版格局的差异，针对我国科技期刊自身呈现的"小、散、弱"局面，探索适合中国科技期刊管理体制的OA出版模式，制订类似DOAJ的开放期刊准入标准和合理的APC标准，推进自主可控的OA政策出台，加速OA运动的发展。此外，要将预印本、知识仓储、开放出版，以及同行开放

评审、版权开放许可等方面遵循国际OA模式和国际出版规范，继而形成互动、互补、互赢的开放论文共享生态，使我国从科技期刊大国、开放论文发表大国变为科技期刊强国。

（二）加强OA期刊质量建设

在OA期刊快速发展的同时也要注重OA论文质量。要从学术水平、期刊声誉、传播力度和受关注度等方面出发，构建合理的评价体系来加强对OA期刊的规范化管理，并积极采取多种同行评议模式，实现OA期刊质与量的良性发展。

从现有数据看，我国不缺乏优秀的期刊，以此为基础加强期刊质量建设必然可以加速OA期刊的发展。首先，加强内容质量控制，应采取严格的同行评审制度，对学术不端行为采取零容忍，不断提升期刊学术水平；其次，加强网站建设，从信息建设，内容组织建设，运营维护管理建设入手，使网站在规范性技术性服务性等方面获得提升，从而提升期刊的声誉和影响力；再次，提高知识产权意识，规范版权协议，认真学习CC协议的内容，选取适合自身期刊发展的模式，把期刊从免费获取变成真正符合规范的开放获取期刊。

（三）加强共享平台建设

由于我国缺乏具有国际影响力的期刊国际化平台，国内的大部分期刊提升国际影响力的主要途径都是与Springer、Elsevier等国际大型出版商合作。在这种合作过程中，由于我国期刊"小、散、弱"的现状，在谈判中往往处于弱势的一方，在是否转换为OA期刊的问题上没有足够的话语权。而且若我国期刊要转换为OA期刊，则需要支付给国际出版商一大笔OA费用，而这笔费用对于国内大部分期刊而言是负担不起的，因此，大部分期刊不愿意转换为 OA 期刊。目前，全球学术资源的开放出版生态和开放仓储平台多被西方国家掌握，科研论文存储到国外知识库 OA，可能导致巨大的信息安全隐患。鉴于此，需要大力推进我国 OA 平台的自主可控，防止国际平台对于论文出版、仓储的垄断，形成我国科技文献自主保障体系。

目前我国大多数中文科技期刊还处于传统出版流程，现有的 OA 平台大多属于已出版资源的再集成和免费使用，少数预印本系统等也没有建立完善的出版模式，与国际上的平台建设相比还存在较大的差距。在平台建设、机制体制的支撑以及出版流程的再造等方面，需要深度学习国外典型案例，结合中文科技期刊现有基础，形成科学合理的建设框架和方案。鼓励学会、协会、高校等办刊主体，形成系列的开放期刊集群，以及开放平台的数据关联，实现开放论文的集中发现和多平台引流。OA 不仅是提供免费研究成果的服务模式，还应包括知识传播功能。相对于分散的网页来说，集成的出版平台显然更有利于 OA 发展，这也彰显出从"借船出海"转变为"造船出海"的重要性。通过自主建设国家预印本平台、知识仓储平台、开放期刊平台，强化国家论文仓储制度，夯实科技文献战略安全。

（四）数据出版

数据出版是指将经过同行评议的数据发布在网络或其他媒体上。数据期刊是随着信息需求的发展，在互联网和开放科学环境下产生的一种新型的学术期刊。数据期刊与传统学术期刊一样，需要同行评议、公开发表，并被机构认可和被评价引用情况等，但数据期刊与传统学术期刊在对象、受众、特点等方面又存在明显差别。

数据出版有三种出版模式：独立数据出版、作为论文支撑材料的数据出版、以数据论文形式出版。这三种出版模式下，出版流程均包括：作者提交数据和元数据、提交专家审核、审核通过后发布数据，其主要区别在于，独立数据出版的数据由数据中心或数据库存储发布，作为论文支撑材料的数据与论文一并提交指定的数据库进行共享，而数据论文则作为出版物本身进行出版。在数据出版过程中，数据质量控制是其出版的核心内容。数据出版的质量控制包括数据质量、论文质量和元数据质量等。

我国数据出版起步较晚，目前创办的数据期刊并不多。为了给数据出版创造良好的发展环境，国家出台了一些有利于数据出版的政策和标准规范。例如2018年，国务院发布《科学数据管理办法》（国办发〔2018〕17号），此外，《信息技术　科学数据引用》《信息技术　数据质量评价指标》等标准也相继发布，促进了科学数据的规范化使用和标准化引用，构建了数据质量评价框架，体现了我国对数据出版工作科学的管理和充分重视。此外，我国也开始在基础设施方面积极推进数据出版工作，积极推动了科技资源的开放共享，促进开放科学环境下我国开放获取出版的蓬勃发展。

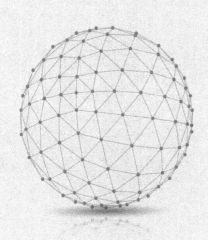

第五章
CHAPTER 5

中文科技期刊集群化
发展路径

第一节　中文科技期刊集群化发展的意义

一、集群化发展是科技期刊发展的必然趋势

所谓期刊集群化是指多个办刊模式相近、领域相关的期刊通过整合实现集群化、规模化、集团化，统一配置资源，提高资源的使用效率，在各期刊资源共享的基础上，依靠规模化发展、集约化经营，提高科技期刊的整体实力和市场竞争力。[1]

我国科技期刊的主管、主办、出版单位分布非常分散。据《中国科技期刊发展蓝皮书（2023）》[2]统计，2022年，我国5163种科技期刊的主管单位有1339个，平均每个主管单位主管期刊3.86种，仅主管1种科技期刊的主管单位有878个，占65.57%，主管10种以上科技期刊的主管单位仅75个；基于第一主办单位的统计显示，5163种科技期刊的第一主办单位有3218个，平均每个主办单位主办1.60种，仅主办1种科技期的主办单位2482个，占77.13%，主办10种及以上科技期刊的主办单位有35个；5163种科技期刊的出版单位有4440个，平均每个出版单位出版期刊1.16种，仅出版1种科技期刊的出版单位4256个，占95.86%，单刊编

---

① 李建忠.科技期刊集群化发展研究[J].西南民族大学学报（自然科学版），2015，41（6）：788-792.
② 中国科学技术协会.中国科技期刊发展蓝皮书（2023）[M].北京：科学出版社，2023.

辑部作为出版单位的有 3439 个，出版 10 种及以上的出版单位有 10 个。可见，我国科技期刊主要采取"单刊运作"模式，期刊分散运营，资源无法有效整合，面对大量的优质稿源的外流及国际市场的竞争，我国科技期刊竞争力薄弱，以单刊的力量根本无法与国际同行竞争。在当前期刊出版业国际化、市场化、数字化以及媒体融合背景下，我国科技期刊出版业别无选择，必须进行转型改革。其中，最重要的是要鼓励引导科技期刊走集群化、规模化、集团化发展之路。

科技期刊集群化建设是数字出版产业发展的必然选择。随着互联网技术和数字技术的发展，数字出版蓬勃发展，知识的传播更加便捷。大数据和人工智能等新技术的应用改变了科研工作者的知识服务获取方式，也对传统出版业带来巨大的冲击。先进技术的运用为期刊出版注入了新的动力，基于移动端的数字出版平台建设成为集群化建设的重要环节，促进了科技期刊集群化发展。

二、集群化发展是我国科技期刊发展的政策导向

20 世纪 90 年代以来，国际大型出版集团通过强强联合和业务重组等手段，促使出版产业趋向集中，实现了全球化、集团化的规模经营。改革开放以来，随着与国际出版商的交流越来越多，我国科技期刊在办刊理念、运营模式和产业效益等方面的巨大差异凸显。为了破解科技期刊"小、散、弱"的结构性弊端，推进科技期刊的集群化、产业化进程，国家逐步加强对科技期刊的顶层政策指引，出台一系列政策引导科技期刊集群化发展。

2014 年 4 月，国家新闻出版广电总局发布了《关于规范学术

期刊出版秩序 促进学术期刊健康有序发展的通知》，指导学术期刊进行机制体制改革，其中，出版单位体制改革以编辑、出版分离和专业化、数字化、集约化发展为基本内容。

2014 年 10 月，《深化新闻出版体制改革实施方案》正式出台，该方案提出要完善新闻出版管理体制，建立健全多层次出版产业。2019 年 7 月，中国科协等四部委联合印发了《关于深化改革 培育世界一流科技期刊的意见》，把"推进集群化并加快集团化转变"作为科技期刊的建设目标，随后的中国科技期刊卓越行动计划在"探索我国科技期刊集群化发展路径"上设置"集群化试点项目"，五个科技期刊集群入选了该项目。

2021 年，中宣部、教育部、科技部联合印发《关于推动学术期刊繁荣发展的意见》，再次强调：鼓励符合条件的学术期刊出版单位转企改制、做大做强。支持规模性出版企业探索协作办刊模式，跨地区、跨部门、跨学科整合期刊出版资源，打造具有较强传播能力的学术期刊出版集团。

集群化建设是科技期刊高质量发展的重要路径，也是党和国家对期刊行业的重要决策部署。一系列重要文件的出台为大数据时代科技期刊集群化建设提供了坚实的政策保障，指明了发展方向和行动路径。面对推动科技期刊发展的重要机遇，科技期刊只有顺应体制改革的趋势，才能成为市场经营主体，提升市场竞争力，展现期刊持续发展的生命力。

集群化发展也是科技期刊产业做大做强的重要途径。当前，我国科技期刊正处于"深化改革，培育世界一流科技期刊"的关键时期，"推动科技期刊产业化发展"成为建设世界一流科技期刊的重要组成部分。科技期刊的产业化是指科技期刊编辑出版发行及相关经营活动中，以市场为导向，按产业方式和规律组织各种活动的一种办刊模式和管理模式。科技期刊产业化的核心是科技期刊办刊的市场化和规模化。[①]期刊集群化不仅可以优化配置出版资源、提升数字出版水平、扩大期刊影响力，还可以拓展相关个性化服务。在市场化环境下，出版机构要提高市场竞争力，实现产业化的转型，期刊集群化是最佳途径。

从国内外科技期刊出版行业的发展实践来看，没有规模就没有效益，要实现科技期刊规模就必须整合优势资源，走集群化的发展之路。在向集群化推进的过程中，期刊出版单位通过行业内或地区内的关联期刊，实现期刊的集群化经营，是科技期刊在现行体制和现有条件下的一种现实的选择。推进科技期刊专业化和集群化建设是实现科技期刊规模化、产业化发展的正确道路。

第二节　国外科技期刊集群化发展运营模式

据统计[②]，目前施普林格·自然（Springer Nature）、爱思唯尔（Elsevier）、威立（Wiley）和泰勒－弗朗西斯（Taylor ＆ Francis）四大出版集团出版的期刊占全球STM学术期刊总量的17%以上，

---

① 柳建乔.科技期刊产业化初探[J].编辑学报，2000，12（1）：4-6.
② 王维，黄延红，任胜利.国际出版机构期刊集群化发展及启示[J].中国科技期刊研究，2021，32（5）：596-600.

出版的论文数量占论文总数的 37.96%；在 Web of Science（WOS）数据库中，这 4 大出版商的期刊和论文数量分别占总数的 48.38% 和 53.55%（2020 年度数据），这说明在高质量期刊收录与检索数据库中，期刊和论文更趋向于聚集到大型出版机构。

经过多年的发展，国际期刊集群已经形成几种典型的运营模式，如商业出版集团运营模式、科技社团出版运营模式、大学出版社运营模式和开放获取运营模式。其中，开放获取运营模式是在开放科学环境下，OA 出版机构采取的实现集群化发展的新型出版模式。[①]

一、商业出版集团运营模式

国际科技期刊出版集团一般采用市场化的运作模式，尤其是商业出版机构，通过并购、重组等商业手段扩大出版集团的规模，优化出版资源，提升服务能力和影响力。例如传统的出版集团爱思唯尔（Elsevier）和施普林格·自然（Springer Nature）就是采用市场化方式进行运营，是集群化、集团化发展的典型代表。

爱思唯尔（Elsevier）创办于 1880 年，总部位于荷兰阿姆斯特丹，是一家全球性信息服务机构。通过与全球的科技与医学机构的合作，出版期刊 2200 余种，编辑出版服务客户分布全球国家。1960 年，爱思唯尔开始国际性扩张，经过十几年的兼并、重组，在与北荷兰出版公司等出版社合并后，成功进入信息技术出版领

---

① 中国科学技术协会. 典型国际出版机构期刊运营模式研究 [M]. 北京：科学出版社，2019.

域；20世纪70年代后期，通过收购一批医学类期刊，成功进入医学领域；1991年，通过收购英国帕加蒙出版社获得了400多种期刊，快速扩大了爱思唯尔的期刊范围；20世纪末，爱思唯尔开始了网络出版历程，从传统出版转化为出版电子出版物，转型为以网络传播为主的数字内容服务商，成为全球最大的科技与学术信息出版社。2004年，爱思唯尔开发了Scopus数据库，该数据库是全球规模最大的文摘和引文数据库，涵盖了5000多家出版商的22800种出版物，确保了广泛的学科覆盖面。最重要的是，Scopus数据库上大约有22%的期刊是用非英语的语言发表的，并且数据库中超过了一半的内容来源于北美以外，充分展现了其国际化的视野和包容度，极大地体现了其国际化程度。

作为全球信息服务机构，爱思唯尔网上商店可以提供英语语言服务、翻译服务、插图服务、我的文章服务、文章海报及期刊封面海报服务等7种服务，这些服务中6种是收费的，1种是免费的。爱思唯尔的目标定位是服务于全球的专业人士，这些专业人士大多来自高校和研究所，他们的相对稳定且具有持续支付能力，这一市场定位使爱思唯尔不受全球经济衰退的影响。

爱思唯尔的运营策略可以总结为：（1）注重内容质量，内容为王；（2）产品多元化；（3）注重全球化布局；（4）抓住了数字化的发展机遇；（5）规模化经营，采取期刊群管理模式；（6）以客户为中心的机制；（7）注重创新；（8）兼并重组，实现行业垄断；（9）注重品牌效应；（10）通过本土化策略成功进入中国市场。

二、科技社团出版运营模式

除了商业出版机构，一些国际学（协）会出版社也非常重视国际化的运作和交流，已成为具有国际影响力的出版机构，如电气电子工程师学会（IEEE）、美国化学会（ACS）等。

IEEE是非营利性会员机构，属于全球性组织。目前，拥有全球160多个国家的430000多位会员，出版了170余种会报、期刊和杂志，每年在近百个国家举办了上千场会议，并在中国、印度、日本和美国设立了办公室。IEEE的学术出版具有良好的社会声誉和学术威望，主要包括IEEE Xplore数据库、期刊、图书和会议论文集四大块。在电气及电子工程、计算机及控制领域，IEEE发表的文献约占全球的三分之一。绝大多数IEEE期刊被SCI和EI收录。IEEE作为非营利会员组织，在管理上采用与企业管理相似的方式，以会员为基础，为不同学科、层次、地区的学者专家提供交流合作平台，丰富专家资源，发挥学术声望，树立学术权威，以学术会议为创收重点，积极与学界、产业、政府部门等进行交流合作，因此成了具有全球影响力的出版机构。

三、大学出版社运营模式

大学出版社一般都隶属所在大学，其经营项目一般包括大众图书、工具书、教材、期刊等多种形式，并且具有较强的学术特点。他们经营理念明确，追求理论创新，注重品牌建设，积极从多个维度、多角度宣传自己的品牌，扩大社会影响力，并与全球多个国家开展国际合作，确保品牌与当地文化的充分融合。

例如，牛津大学出版社隶属于牛津大学，成立于1478年，是世界上最大的大学出版社。牛津大学出版社有一套科学、高效的管理体制，严把质量关是内部管理的重点，也是其长盛不衰的保证。牛津大学出版社经营项目繁多，包括词典、英语语言教材、儿童书籍、期刊、学术专著、高教教科书、教学用书等，其中，学术期刊共有400多种（包括50多种OA期刊，第一本OA期刊在2005年出版），期刊内容涵盖自然科学、生命科学、医学与健康、人文社科、法学等五大领域。

四、开放获取运营模式

随着OA期刊的出现，除了传统的出版机构（Springer、NPG、IEEE等）不断创办OA期刊外，一些专业性OA出版机构（PLOS、MDPI等）迅速涌现。

公共科学图书馆（Public Library of Science，PLOS）由生物医学科学家哈罗德·瓦尔缪斯（Harold E. Varmus）、帕克·布朗（Patrick O. Brown）和迈克尔·艾森（Michael B. Eisen）创立。在这个开放资源的模式下，PLOS创办了一系列生命科学与医学领域的OA期刊，并很快将一些期刊成为了国际顶级水平的期刊，如旗舰期刊PLOS ONE的影响因子为3.752，年载文量达15000以上。PLOS系列期刊全额收取APC（1595—3000美元/篇），且不断呈上升趋势。

第三节　中文科技期刊典型集群分析

一、国内科技期刊集群的主要模式和特点

我国学术界对期刊集群化的研究始于 2006 年。[①]经过将近 20 年的发展，我国科技期刊的集群化从理论到实践都取得了巨大的成就。近年来，随着我国一流科技期刊建设的不断推进，加快集群化发展已经成为我国科技期刊界和期刊管理部门的共识。国内期刊集群的成功运营也证明，在有效拓展学术期刊的增值空间方面，期刊的集群化发展起到了不可忽视的促进作用。

国内科技期刊集群模式按学科范围可以分为行业特色科技期刊集群和综合性科技期刊集群，按办刊主体可以分为学（协）会期刊集群、大学出版社期刊集群、研究院所期刊集群等。行业科技期刊集群是以相同行业或学科聚集形成的集群，如有色、光学、医学、煤炭、冶金、地理、机械、信息通信等学科期刊群，典型代表有中华医学会杂志社、中国光学期刊网、有科出版等。综合性科技期刊集群是由多学科科技期刊聚集形成，主要来自出版社，例如，北京中科期刊出版有限公司、北京卓众出版有限公司、清华大学出版社期刊中心、浙江大学出版社期刊中心、上海大学期

[①]　余静.基于 CiteSpace 的国内期刊集群化研究的回溯和展望[J].出版广角，2023，(11)：73-80。

刊社等。

我国科技期刊集群化发展已经取得了一些长足的发展，但是与国际大型出版集团相比，在刊群规模、商业运营机制、出版平台和国际传播等方面存在不足，主要表现在以下几个方面：

第一，集群化程度低。除了中华医学会等少量大型期刊集群外，大多数科技期刊集群的刊物数量不多、质量不佳、管理分散，未真正做到出版资源的有效优化整合和充分利用，也未形成期刊集群的聚合力，整个期刊的主管主办单位复杂，关系没有理顺，各期刊各自为政，自然无法形成合力、产生"1＋1＞2"的效果，不能提升市场竞争力。

第二，国际化程度低。我国科技期刊集群中，中文科技期刊在数量上占主要优势，但具有国际影响力的期刊数量不多，且影响力较弱，此外，国内优质稿源外流和国际稿源缺乏的现状导致我国科技期刊集群的国际化程度低，在国际上缺少话语权，而且与国际出版商合作的期刊大多为英文期刊，中文科技期刊在国际合作办刊、吸引国际稿源等方面还处于非常被动的局面。

第三，数字出版传播平台建设有待加快。我国科技期刊的数字化程度还有待提升，尤其是出版平台建设处于落后状态，缺少一批自主创新的数字出版传播平台。采取国际期刊合作办刊形式的科技期刊，大多采用的是国际出版平台，数据存储与传播均受到平台规则的限制和国际出版商的制约，我国科技期刊知识产权和数据安全无法得到保障。

二、"卓越行动计划"集群化试点单位的集群建设情况

中国科技期刊卓越行动计划集群化建设项目支持了中国科技出版传媒股份有限公司（科学出版社）、《中国激光》杂志社有限公司（中国激光杂志社）、高等教育出版社有限公司、有研博翰（北京）出版有限公司（2020 年 8 月更名为有科出版（北京）有限责任公司）、中华医学会杂志社 5 家国内科技期刊出版规模较大的试点单位。从主管单位看，试点单位分别隶属于中国科协、教育部、中国科学院；从主办单位看，试点单位代表了学会、高校、科研院所三大类办刊主体。从学科范围看，中国科技出版传媒股份有限公司、高等教育出版社主办的为多学科综合性刊群，《中国激光》杂志社有限公司、有科出版（北京）有限责任公司、中华医学会杂志社主办的分别为光学、有色金属、医学领域等特色刊群。

（一）中华医学会杂志社

中华医学会杂志社主办的期刊集群是我国生物医学领域规模最大的期刊集群，由中华医学会杂志社进行集约化管理和经营。目前，中华医学会杂志社有 150 余种医学期刊，采用统一的采编平台 MedPress，建立了统一的期刊质量控制体系，形成了集群内稿件处理一站式贯通内容采集、同行评议、生产、多元发布到知识服务的期刊工作全流程，实现用户、资源和业务的全域统一化管理。

此外，为提高服务于读者、作者的能力，中华医学会杂志社积极探索研发知识服务产品，提升知识服务能力，在中国科技期刊卓越行动计划集群化试点项目的大力支持下，持续加强医学期

刊集群化、平台化建设，在品牌的树立、期刊的分布、人才队伍的构建、管理制度的建立、期刊质量的控制等方面取得了卓越成效，作为国内具有较大影响力的期刊集团，其集群化发展的模式值得国内其他科技期刊思考、学习。①②

（二）高等教育出版社有限公司

高等教育出版社有限公司将出版物研发与国家各类重要科研和出版项目相结合，形成了精品产品线，期刊规模和影响力位居国内前列。

高等教育出版社建立了中国学术前沿期刊网（http：//journal.hep.com.cn），以"前沿"系列英文学术期刊为核心进行品牌期刊培育，内容涵盖基础科学、工程技术、生命科学、人文社会科学等众多领域，出版48种期刊，形成了学术期刊群，通过开放性、标准化与国际化平台建设，可提供面向全球用户的访问服务。

（三）中国科技出版传媒股份有限公司

中国科技出版传媒股份有限公司（科学出版社）是国内最大的综合性科技出版机构，依托中国科学院，拥有一个高水平、高质量、多学科品种的期刊方阵。科学出版社以国际合作和海外并购为手段，通过与爱思唯尔合资建设的科爱出版公司创办期刊以及收购法国EDP Sciences（EDP科学）出版社，整合期刊资源，提高国际化运作程度，集群期刊数量显著增长，共出版科技期刊500多种（SCI收录逾百种）。截至2022年底，科爱公司共出版英文期

---

① 罗英姣,朱民,李海洋,等.中华医学会医学期刊集群化发展的模式分析[J].出版与印刷,2016（3）：27-31.
② 魏均民.加强医学期刊集群化平台化建设的实践与思考[J].传媒,2023（23）：20-22.

刊145种（均为OA期刊），切实推动了我国英文科技期刊走向世界。①

2016年，科学出版社通过自主研发，初步建成了从投审稿到发布的一站式全流程数字出版和传播平台SciEngine，截至2023年，该平台已升级至3.0版本，平台集聚期刊数量380余种，其中，英文期刊200余种，OA期刊150余种，阅读量超过3500万次。科学出版社以SciEngine平台为核心抓手，重组和搭建期刊技术平台，形成了期刊运营服务平台体系，以开展科技期刊内容资源集聚和相关数字产品研发，拓展期刊出版创新服务和平台运营，推动期刊集群化发展。

（四）中国激光杂志社有限公司

中国激光杂志社由中国科学院上海光学精密机械研究所和中国光学学会主办，以光学旗舰刊群为核心，聚集了光学期刊近60种，是一个以出版发行光电类学术期刊和专业期刊为特色，以国际化、数字化、集群化和多元化媒体产品为发展方向的出版单位，其建立的中国光学期刊网，不仅可以实现期刊集群的采编和发布，还可以提供光电行业最新资讯，已成为光学类知识和信息传播的重要载体。中国激光杂志社一直致力于期刊集群化发展工作，从体制机制改革、部门细化分工等方面积极探索集群化办刊模式。杂志社以"学术+产业"的形式，在打造具有全球影响力的特色期刊群的同时拓展了出版平台的数据服务、企业服务、实验室服务等融媒体服务，快速提升了产业效益。

① 肖铮，张准，韩英昆，等.国内外典型科技期刊出版集团国际化发展对比研究——以Springer和科学出版社为例[J].中国科技期刊研究，2023，34（7）：927-934.

中国激光杂志社期刊集群化建设的探索和实践成果表明，期刊集群化运作、专业化分工可有效提升办刊质量和工作效率。同时，集群化办刊模式可以实现统筹管理、资源共享、优势互补，可显著提升期刊集群的品牌影响力，为中文科技期刊提供知识服务、服务学科发展奠定基础。[①]

（五）有科出版（北京）有限责任公司

有科期刊出版（北京）有限公司由有研科技集团有限公司、中国有色金属学会和中南大学出版社有限责任公司主办，是有色金属领域唯一具有法人资格的期刊集群，同时也是期刊领域社会效益和经济效益均都成绩斐然的典型。在现有运营模式下，有科出版通过提升文章加工服务、办刊服务、数字发行等服务获得了"双效"的快速增长。

有科期刊出版（北京）有限公司构建了学会+高校+出版企业协同办刊模式，促进了有色金属期刊集群内期刊资源和数字出版技术的深度融合发展，目前已经整合有色金属领域期刊 68 种，覆盖了有色金属领域的有色金属、有色矿产、冶金、自动化、机械设计等各相关行业。[②]

三、其他典型中文科技期刊集群建设情况

近年来，随着卓越计划集群化试点项目的推进，一些具有集

① 何卓铭，杨悦，张雁，等.中文科技期刊集群化办刊模式的探索与实践——以中国激光杂志社为例[J].中国科技期刊研究，2022，33（11）：1462-1469.
② 郑建芬，刘徽，王维杰，等.科技期刊集群化发展探讨——基于"卓越计划"集群化实践[J].编辑学报，2021，33（4）：407-411.

群化建设实力的科技期刊出版机构都加快了期刊集群化、集约化建设步伐，取得了快速的发展，为国内期刊集群化发展提供了重要的参考和启示。

（一）高校学术期刊集群

2023 年 4 月，中国期刊协会高校期刊集群化建设分会成立大会暨第一次工作会议在浙江大学召开，旨在推动高校期刊集群化建设和体制机制创新。高校学术期刊作为重要学术平台，在"双一流"的建设背景下，国内多个高校在期刊集群化建设方面进行了尝试，数据显示，国内 140 所"双一流"建设高校中有 75 所实施了期刊集群化管理，成立了期刊社、期刊中心等。[①]其中，集群化发展成效较显著的刊社有清华大学出版社期刊中心、上海大学期刊社、浙江大学出版社期刊中心等。

清华大学出版社期刊中心成立于 2011 年，采取企业化机制运作。清华大学出版社一直坚持高起点、精品化的发展模式，依托清华大学的学科优势，着力培育世界一流科技期刊，发挥期刊出版的集群优势，塑造期刊集群整体品牌，不断提升期刊的学术影响力。[②]2022 年 6 月，由清华大学出版社自主研发的科技期刊国际化数字出版平台 SciOpen 正式上线，这意味着清华大学的期刊集群实现了全产业链条数字化生产和管理，加快了其融合创新的步伐，推动学术出版迈上了新的台阶。

---

① 姜春明."双一流"建设高校学术期刊集约化管理现状分析与思考[J].科技与出版，2021（6）：46-50.

② 刘俊，张昕，颜帅.大学出版社学术期刊集群化运营模式研究——以清华大学出版社期刊中心为例[J].编辑学报，2016，28（6）：561-565.

上海大学期刊社自 2003 年成立起就积极开展探索高校期刊集群化建设之路，在短时间和小范围内克服了高校学术期刊的办刊困境，形成可复制、可迁移的集约化管理运营模式，为加快人才培育、探索融合出版、扩大期刊影响奠定了坚实基础。以集群化建设为抓手，推进期刊高质量发展成效显著。各刊的出版流程得到优化，刊群规模不断扩大，从最初编辑出版 6 种期刊到目前 17 种期刊，其中科技类期刊 11 种、人文社科类期刊 6 种；中文刊 6 种、中英文刊 2 种、英文刊 9 种。其中，4 种期刊入选 SCI 和 SSCI 数据库且有 3 种期刊位于 Q1 区；5 种期刊入选 EI 数据库；9 种期刊入选 Scopus 数据库；1 种入选 Pubmed 数据库。①②

浙江大学出版社期刊中心于 2016 年启动学术期刊集群建设。浙江大学出版社期刊中心依托浙江大学的学科资源和人才资源，通过提升现有期刊办刊水平、创办新学术期刊、探索新的期刊管理考核体系、整合各学科办刊资源、加强期刊平台建设等手段，整体实现了较高的国际化水平和学科影响力。由于大学期刊中心涉及的学科较多，浙江大学出版社期刊中心采取了"平台+单刊"的联动运营模式来进行品牌建设和学术内容的精准推广，通过拓展国内外精准营销渠道，如精准推送、微信公众号、Facebook 等国内外主流社交媒体，提升了学术影响力。

尽管很多高校出版社已经意识到期刊集群建设的重要性和必然性，但基于目前高校科技期刊发展的现状，很多高校的"科技

---

① 秦钠.期刊集群化建设行与思——以上海大学期刊社集群化建设实践为例 [J]. 传媒，2023，（23）：25-27.

② 顾青.学术期刊集群化建设与国际化发展 [J]. 编辑学刊，2024（1）：67-73.

期刊集群"并不是真正意义上的"集群"，离具有市场竞争力、影响力的"集群"还有很大的差距。高校学术期刊集群化建设还需要继续增加资金投入，积极挖掘产业化、集群化发展空间。

（二）专业领域科技期刊集群

随着集群化建设的不断推进，单刊的发展空间越来越小，很多科技期刊出版机构从自身的实际情况出发，积极探索核实的期刊集群模式，形成了一些专业领域的科技期刊集群，如林业期刊集群①、中国煤炭期刊网②③、中国地理资源期刊集群④、中国农业期刊集群⑤等。这些专业领域期刊集群充分整合、挖掘行业资源、积极探索商业经营模式，凸显了自身特色，已经形成有一定规模的期刊集群，在扩大期刊影响力中发挥了积极作用，为打造"中国特色、世界一流"科技期刊提供了路径参考。

---

① 李玉敏，王忠明，高发全，等.林业期刊集群平台：中国林业期刊网一期建设探索与实践 [J].科技与出版，2018（8）：103-106.

② 朱拴成.科技期刊集群化服务平台融合出版探索实践——以中国煤炭期刊网为例 [J].编辑学报，2019，31（2）：209-211

③ 毕永华，朱拴成，代艳玲，等.煤炭领域精品科技期刊刊群建设探索实践 [J].编辑学报，2023，35（2）：179-182.

④ 段宗奇，何书金.中国地理资源期刊集群平台期刊特约专栏实施成效分析与启示 [J].中国科技期刊研究，2021，32（7）：889-894.

⑤ 吕晓梅，刘迎春，杨爱东，等.我国农业期刊集群化发展实践及其创新模式思考 [J].中国科技期刊研究，2023，34（6）：700-707.

第四节 中文科技期刊集群化发展策略

集群化发展是我国科技期刊整合资源、全力提高效率和影响力的有效途径之一。我国规模较大的科技期刊集群建设大多以英文期刊为主，与英文科技期刊规模和影响力提升的速度相比，我国中文科技期刊发展缓慢，以中文期刊为主要构成的期刊集群普遍影响力不大、活力不足、创新不够，在我国的科技期刊话语体系中也处于弱势地位。

由于中文科技期刊出版具有中国特色的管理模式、"小、散、弱"的发展现状，中文科技期刊的集群化发展模式必然与国际大型期刊以及中国的英文科技期刊有很大的不同。中文科技期刊集群化发展要立足国内的机制体制环境和科技发展需求，借鉴国际先进的出版经营管理模式，找到适合的发展方向，根据自身的发展阶段和资源条件，制定集群化发展策略，走中国特色的集群化发展道路，从体制机制、财政支持、科研评价政策等方面优化科技出版生态。

一、做好顶层设计，提高管理水平

首先，国家应进一步加强制度建设，出台有效的优惠政策引导和推进科技期刊进行资源整合、集群发展。中国的科技期刊建设和发展需要权威的顶层设计和高瞻远瞩的世界眼光。在机遇与挑战并存的发展境况下，国内科技期刊出版集团在期刊数量扩张的同时，更加需要战略目标规划和发展的技术路径设计，加强生产、经营的集约化，产品品牌、企业架构的集团化。

其次，商业模式是顶层设计层面的内容，贯穿于资本运营、品牌管理、内容生产、产品营销、运维服务等各个环节，对期刊集群化建设具有非常重要的指导性作用，这决定了期刊集群化建设的方向和成败。与国际出版集团相比，国内科技期刊出版在经营规模与商业模式构建方面差距还非常大，集群化发展尤其需要重视商业模式的构建与经营能力的提升。各出版单位应根据现有发展环境和自身资源，选择或探索适合自身发展的经营理念和商业运营模式。

此外，质量是期刊的生命线，使用质与量的多维指标，建立合理的刊群质量管理体系是提升刊群整体质量、建设品牌刊群的基础，是期刊集群化、可持续发展的重要保证。科技期刊自身要转变观念，改变办刊模式，提高管理水平，以品牌建设为目标，坚持"统一办刊思想、统一管理办法、统一办刊模式、统一质量标准"的集约原则，利用刊群内的优质期刊带动新刊、普刊的快速发展，逐步形成集团化优势和规模化效应。

二、整合优势资源，提升运营效率

中国科技期刊可以通过市场化手段对既有资源进行整合、重组，将多个办刊模式相近、领域相关的科技期刊通过整合实现集群模式下分领域的刊群经营，将关系资源、信息渠道资源、人才资源等共享到不同期刊的编辑部，以节约人力财力，减少重复建设，实现人力资源的统一调配，生产流程的集成共享，成本资源的高效集约，营销推广的协同联动等。科技期刊集群化可以实现期刊一体化运作，综合资金、渠道、人才、经验、品牌、管理等方面的优势，各刊通过优势互补实现借力发展，从而提升刊群的整体水平。

按照国家准入政策和出版管理制度，一些有潜力的科技期刊可以积极引入企业协同办刊，推动产、学、研深度合作，开展跨部门、跨地区的整合期刊资源，打通产业链、重构价值链，加快建设一批具有国际影响力的高水平科技期刊，从而带动中国科技期刊产业的整体发展。

期刊出版单位内部的资源优化配置对期刊的集群化发展也非常重要，一方面，可以通过以专业分工为基础的协同合作，实现出版流程再造，另一方面，要努力使期刊出版单位实现学术出版与经营分离，在技术、市场运营、管理等方面引进专门的人才，提升运营能力和运营效率，形成多元化、专业化的运营形式，从而促进精品刊群的品牌建设。

三、加快推动数字化转型，推进集群化发展

国际合作出版过程中，我国科技期刊的内容资源都发布在国外出版机构的出版平台上，科技文化主权和科技信息安全存在隐患。维护我国科技信息资源安全和保有知识产权，加强自主平台的建设显得尤为重要。对于移动互联和大数据发展背景下的期刊平台，智能化乃至智慧化服务是重要的发展方向。一方面，集群化平台可以为内部期刊集约化整合服务，通过平台整合行业相关

期刊，扩大期刊群规模及影响力；另一方面，集群化管理可以加强平台的服务创新，比如，国际科技期刊集群模式下的级联同行评审，对加速稿件发表、集约审稿资源、创建期刊集群、防止稿源外流、降低期刊运行成本等具有显著的促进作用。

四、加强一流出版人才队伍建设与培养

打造优秀的出版人才队伍是建设一流期刊的重要基础，是科技期刊实现高质量发展的重要因素之一。面对科技期刊出版体制改革，市场化运营的转变，科技期刊不仅要维持期刊的学术声誉和影响力，还要承受市场经营压力，适应市场化管理模式，科技期刊面临着全新的挑战。科技期刊要面对市场、适应市场、走向市场，除了要树立市场经营意识，还要有专门的市场经营人员。在科技期刊市场化、集群化建设过程中，除了需要优秀的专业编辑，还需要培养信息技术、市场经营、品牌管理等方面的人才。集群化期刊出版机构在优化人才成长环境的同时，还要做好出版人才队伍的战略规划、人才培育计划、科学的评价考核和激励机制，建立健全人才队伍建设的长效机制，才能高效地利用人才资源，形成期刊集群化建设的有生力量。

中国科技期刊集群化建设可以积极地推动编辑职业化、专业化和市场化的人才培养管理模式的发展。例如，对于集群化管理的期刊，编辑的工作岗位可以细分，学术、技术、运营和宣传等岗位都可以做到专人专岗，不仅可以极大地提高工作效率，而且可以促使编辑在其岗位上不断提升岗位技能，激发更大的工作潜力。

新质生产力驱动中文科技
期刊高质量发展的路径

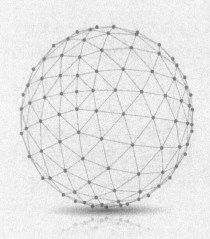

2024 年 1 月 31 日，习近平总书记在中共中央政治局第十一次集体学习时强调，加快发展新质生产力，扎实推进高质量发展。总书记指出，高质量发展需要新的生产力理论来指导，而新质生产力已经在实践中形成并展示出对高质量发展的强劲推动力、支撑力，需要我们从理论上进行总结、概括，用以指导新的发展实践。[①] 新质生产力理论对于中文科技期刊的高质量发展具有重要的驱动作用。

　　"科技是第一生产力"，科技创新能够催生新产业、新模式、新动能，是发展新质生产力的核心要素，而科技期刊作为科技研究体系中不可或缺的组成部分，是推动科技创新、培养创新人才的重要手段，在知识创新体系中扮演着十分重要的角色。从根本上讲，科技期刊的繁荣依赖于科学技术的进步。改革开放以来，中国科学技术无论是质量还是体量都取得了长足的进步，但中文科技期刊距离世界一流期刊还有一定差距。2019 年 7 月，《关于深化改革 培育世界一流科技期刊的意见》提出了优化科技期刊与出版结构布局、着力提升科技期刊专业管理能力、着力提升科技期刊出版市场运营能力、着力提升科技期刊国际竞争力等 4 个重

①　习近平在中共中央政治局第十一次集体学习时强调 加快发展新质生产力 扎实推进高质量发展 [N]. 人民日报，2024-02-02（01）.

点任务，要全力推进数字化、专业化、集团化、国际化进程，实现科技期刊管理、运营、评价等机制的深刻调整，构建开放创新、协同融合、世界一流的中国科技期刊体系。面对国家建设世界一流期刊战略性发展机遇，中文科技期刊如何采取更加有效的措施努力打破单刊运营模式对期刊发展的制约，将期刊发展融入国际化发展大环境，实现质与量的并进与平衡，从而持续提升学术影响力和核心竞争力，是需要持续思考与解决的问题。

精品化、专业化、数字化、国际化和集群化是中文科技期刊高质量发展的重要路径。中文科技期刊要坚持发展目标，以目的为导向，深入探索并遵循期刊发展规律，深化改革，处理好"目标与过程、质量与条件、理念与措施、中国与世界"的多重关系，使期刊办刊实践与办刊目的协同发展，走高质量发展的道路。① 中文科技期刊高质量发展是多维的，立体的，包括期刊发展的方方面面。研究世界一流科技期刊的优势特征可以发现，中文科技期刊可以从办刊理念、办刊模式、技术升级、全域传播、知识服务、平台建设、人才培养等方面改革创新，打造良好期刊发展生态，建立科学合理的运营机制，实现科技期刊高质量发展的总体目标。

① 亢列梅，赵大良. 实施中国科技期刊卓越计划应处理好的几个关系［J］. 编辑学报，2021，33（3）：243.

面对中文科技期刊高质量发展中创新能力不足、数字化转型迟缓、可持续发展意识淡薄等问题，为确保新质生产力充分发挥对高质量发展的驱动作用，中文科技期刊需要从以下几个方面进一步全面深化改革。第一，要在出版技术上实现革命性突破，助力科技期刊数字化转型、一体化融合发展和数字出版平台建设；第二，要从内容、出版、传播、运营等多方面构建创新驱动发展的新型动力体系，强化品牌建设，注重传播推广，提升话语权；第三，要适应当前开放科学的发展趋势，融入开放科学的发展环境，加快开放共享的步伐，实现开放发展，扩大高水平对外开放，营造良好国际环境；第四，要推进科技期刊产业深度转型升级，实现社会效益和经济效益双赢。具体而言，中文科技期刊可以从宏观和微观两个层面展开实践，不断探索适合自身高质量发展之路。

第一节 中文科技期刊高质量发展的宏观举措

从宏观层面而言，中文科技期刊的高质量发展应顺势而为，与国家高质量发展的目标保持一致，抓住发展机遇，适应时代发展新要求，明确期刊发展目标，加强顶层设计，从政策和机制等方面来整体布局，推动中文科技期刊的高质量发展。

一、充分重视中文科技期刊的重要作用，明确其功能定位

中文科技期刊在促进科研成果转化、培养创新人才、推动科学技术传播、保护国家科技信息安全等方面具有不可替代的作用。在国家科技发展战略和知识保存层面，应充分认识到中文科技期刊记载和传播原创性科研成果的重要作用，充分重视中文科技期刊的发展。国家及相关管理部门应从资源配置、评价体系和经费投入等方面对中文科技期刊给予更多支持，为中文科技期刊创造良好的发展空间，并引导期刊向专业化、数字化、国际化、集群化、集团化、多元化运营的方向发展。

在办刊环境竞争激烈、技术日新月异的时代，中文科技期刊要坚持为国家经济建设服务的办刊方向，从语种、功能、内容、学科特征、读者作者群体等方面进行更加精细准确的定位，立足自身优势和实际情况，打造特色鲜明的期刊品牌是期刊高质量发展的关键。品牌作为科技期刊发展的无形资产，对期刊内容的传

播和转型发展产生巨大的影响力。因此，在新媒体时代，品牌化建设已成为我国科技期刊实现跨越式发展、提升核心竞争力的重要途径。

二、加快调整评价体系，合理体现科技期刊的评价功能

进一步完善人才评价体系，不仅能促进创新人才建设，而且对科技期刊评价体系的建设具有重要的引导作用。自科技期刊产生以来，科技期刊就具有评价科学研究成果的功能。从期刊评价体系发展过程来看，一方面，基于文献计量学的定量学术期刊评价使得期刊评价科学研究成果的功能逐渐转换为显性指标对期刊的评价，量化评价主导了科技期刊的运营目标和办刊手段，使科技期刊偏离了学术评价的初衷，另一方面，由于目前科技期刊的主流语言是英语，科技期刊的数据库评价（如 SCI、Scopus 等）由西方国家主导，非英语期刊在语种和地域上都具有局限性，导致占我国科技期刊主体的中文科技期刊在评价体系中处于弱势地位。尽管国家各部委先后出台"破五唯"的一系列文件，但这种惯性依然延续，中文科技期刊要实现"同质等效"的评价功能，还需要加快"破旧习、立新规"的步伐，需要不断完善同行评议制度，将定性指标与定量指标相结合，更新和完善"分领域的、分级别的、多元化的"评价体系，提供全球科技期刊评价的"中国标准"，建立自主可控的话语权。[①]

---

① 秦明阳，王超，邓履翔，等.中国特色科技期刊评价体系的特征、探索与建议 [J].编辑学报，2023，35（6）：598-604.

三、加强出版伦理规范建设，增强学术失信治理能力

随着我国研发投入和科研论文产出飞速增长，以及人工智能技术的快速发展，科研诚信问题和学术不端现象频频发生，新的学术诚信问题和版权争议事件不断涌现，不仅给科技期刊编辑的工作带来巨大的压力和挑战，而且给我国科技界和出版界的国际声誉带来了非常恶劣的影响。增强出版伦理规范建设、提高处理科研诚信问题能力和水平对中文科技期刊高质量发展以及塑造高质量、高信誉度的学术生态具有重要的作用。

四、建立科技期刊管理新制度，形成长期稳定的政策环境

科技期刊的发展与我国科技政策和发展状态息息相关，也体现了我国社会环境的发展状态，因此，科技期刊的发展是个长期的过程，需要一个稳定良好的政策环境才能更好地探索自身发展规律，实现更长远的发展目标。国家稳定持续的政策环境和资金支持是科技期刊正常运作的制度保障。建设世界一流科技期刊需要国家管理部门不断优化期刊管理模式，在办刊机制、合作模式、人才培养、技术引进、市场运营等多方面建立合理的制度和规范，从整体上提高中国科技期刊的办刊水平与竞争力。

鉴于我国科技期刊市场化经营的少，靠经费资助办刊的多，特别是中文科技期刊目前仍处于势单力薄、市场运营能力较弱的局面，更需要前期在政策经费上予以资助和扶持，逐步推进体制机制改革，做大做强，提升市场竞争力。政府和管理部门需要制定长期系统规划，因势利导，逐步扩大资助范围，科学合理地分

层推进，对不同级别、不同领域、不同类型、不同语种的期刊合理制定相应的资助计划，实施全方位、多层次地激励政策，动态调整激活科技期刊的发展动力。

五、建立自主创新的数字出版平台，增强出版服务能力

面对世界范围内的稿源竞争，优质稿源外流不仅仅是由于国外期刊的吸引力，也是国际出版平台的传播能力更强造成的。我国科技期刊缺乏自主创新的数字出版平台，不仅对科技期刊的广泛传播造成了阻碍，还面临着优质稿源外流、数据安全隐患等关键问题。因此，建立自主创新的数字出版平台不仅关系到中文科技期刊自身发展，还涉及国家层面的数据安全。平台建设不是一朝一夕可以完成，也不是靠单刊的力量能够实现，必须借助行业、国家的力量。国家和科技期刊管理部门应加大扶持力度，从政策、资金和技术的角度全方位地推进平台建设，不断增强平台的传播能力、知识服务能力等多项功能，助力科技期刊的高质量发展。

第二节　中文科技期刊高质量发展的微观举措

中文科技期刊既要从宏观层面，加强顶层设计，又要从微观层面进一步提升期刊管理和运营水平，采取有效手段提升出版质量和传播能力。要利用先进的数字技术，提升编辑出版效率，加快数字出版发展进程，全面提升专业化、数字化、国际化、集群化、产业化建设进程。

一、走"专""精""新""特"之路提升出版质量

在出版质量方面，要坚持"内容为王"的理念，从"专""精""新""特"等角度进一步提升稿源质量。"专"是指从综合性较强的"大杂烩"向专业性内容转变。可以以专题和专刊的形式出版，或者以虚拟专辑的形式对相近主题的论文资源进行二次整合，从而改变综合性期刊专业性不强的问题，围绕特定的研究领域，聚焦行业热点，集中报道学术成果；采用专家办刊的新模式也是提升专业化程度，提高学术质量的重要举措。"精"是指不断提升稿源质量，办精品期刊。优质的稿源来自优秀的作者，因此，作者是科技期刊的重要资源。科技期刊要建设优质的作者群，维护现有作者群，开拓更高端的作者群，从而提升稿源质量。同时，要提升编辑的文字功力，提升科技期刊的编校质量，使期刊不论从内容还是装帧都走上精品化的路线。"新"是指创新，包括出版内容新、技术手段新、传播方式新等方面。科技期刊可以利用网络技术，人工智能新技术开展选题策划，跟进最新动态，保证内容新颖性，也可以对出版资源进行深度挖掘，以音频、视频等多种新形式吸引用户的关注。"特"是指树立科技期刊自身的品牌特色。要改变现有期刊同质化严重、栏目设置重复性高的问题，科技期刊需要根据期刊定位，从栏目设置、专题策划等方面，凸显期刊特色，才能从众多期刊中脱颖而出，获得读者和作者的青睐。

二、走市场化、集群化之路提升管理运营能力

针对中文科技期刊管理能力偏弱、市场竞争能力不足的问题，从微观的角度可以采取以下措施来提升科技期刊的管理运营能力：第一，可以采用现有的数字技术资源，引进数字化的稿件管理模式和XML生产工具，提高稿件管理效率，缩短论文发表周期，增加数据格式的多样性，提高数据传播的便利性，实现全流程数字出版；第二，可以采取市场化的管理手段，重塑出版流程，按编辑角色设立岗位，明确岗位职责，使不论是"复合型"编辑人才还是"专业型"编辑人才都能发挥主观能动性，从而为期刊发展做出更大的贡献；第三，要消除单刊管理的单一模式的弊端，有能力的科技期刊要积极开展集群化建设，建立集群化出版平台，吸引同质期刊的加盟，实现跨区域、跨地区办刊，以"名刊"带动"普刊"，加快科技期刊总体水平的提升，而一些缺乏集群化建设能力的科技期刊，可以采取合作加盟的方式，加入同类型期刊集群，依托平台优势提升管理、运营、传播能力，扩大期刊影响力。

三、走"借船出海""造船出海"之路提升国际化程度

中文科技期刊主要的影响力在国内，其国际化进展缓慢，这一方面有语种的原因，另一方面也是科技期刊自身重视程度不足造成的。因此，中文科技期刊应该认识到，中文科技期刊走国际化之路是自身发展的需要，对于中文科技期间的高质量发展具有重要意义。同时，也要认识到，采用一些有效的措施可以推动中文科技期刊的国际化发展。

在过去的十几年中，"借船出海"是中文科技期刊乃至中国科技期刊的国际化发展模式。所谓"借船出海"就是获得国际大型数据库（如EI、Scopus、DOAJ等）的收录，或与国际期刊合作发行，为此，中文科技期刊首先要满足目前英语为主流语言的要求，一些中文科技期刊将文题、摘要、参考文献等用于检索的信息采用中英文双语的形式表现。在论文中增加英文元素的比例是中文科技期刊通过"借船出海"走向国际的第一步，也取得了一定的效果。2012年起，中国科学技术信息研究所就开展了"中国精品科技期刊顶尖学术论文平台—领跑者5000"（F5000）项目，近年来，知网推出了双语出版，进一步强化了这一措施。中文科技期刊可以采用这些机构的服务，提升自身的双语出版能力，从而增加国际传播的效果。

此外，科技期刊国际化程度不仅体现在出版内容方面，而且体现在国际编委、国际作者、国际读者、国际传播途径（如英文网站）等期刊基本要素方面。因此，通过邀请国外的知名专家担任期刊编委，可以扩大期刊影响力，增加国际视野；不断扩大国际作者和读者比例，建立英文网站，借力国外社交媒体平台等措施也能有效推动中文科技期刊的国际化进程。

经过十几年的国际化发展，中文科技期刊正从"借船出海"模式向"造船出海"模式升级，一些中文科技期刊集群已经逐渐具备了"造船出海"的前提条件，通过不断提升自主创新能力，中文科技期刊的国际化发展必然进入快车道。

四、走多元化培养之路建设高素质办刊人才队伍

由于缺乏有效的人力资源管理能力以及未建立有效的人才激励措施，中文科技期刊普遍面临专业编辑人员配置不足、结构单一、新技术人员匮乏等问题。要实现中文科技期刊的高质量发展，必须尽快建立一支政治素养和专业水平高、技术和创新能力强的高素质办刊人才队伍。然而，人才队伍的建设不是一朝一夕的事，需要走分步骤、分层次，多元化的建设之路。

一是传统编辑队伍建设。传统编辑大多具有较高的编校能力，一方面，要通过继续教育、岗位培训等多种方式，不断强化其专业素养和能力，使其与时俱进，与期刊共同成长；另一方面，要引导传统的文字编辑、科学编辑多接触数字出版技术，提升数字化工具和手段的应用，能熟练掌握新的排版工具、文献管理软件、出版传播系统等新技术，不断提高编辑效率和出版质量。

二是数字时代"复合型"编辑队伍建设。传统出版向数字出版、智慧出版是大势所趋，数字时代需要懂技术、高素养的新"复合型"编辑。随着出版新技术的不断发展，信息化工作、数据库建设和多媒体运营等工作需要专业的人员担任，要使他们具备较高的技术水平，了解整个期刊的发展状况，必须培养专门的科技期刊运维人才，让他们具有信息分析能力、文献管理能力、网络维护能力、多媒体运营能力等数字出版能力。

只有采取多元化的培养方式，形成"协作型"人才队伍模式，才能实现现代化科技期刊出版工作的全面协作配合，保证期刊的快速转型发展。

参考 / 文献

[1] 刘兰肖.中国期刊史:第一卷[M].北京:人民出版社,2016.

[2] 中国科学技术协会.中国科技期刊发展蓝皮书(2023)[M].北京:科学出版社,2023.

[3] 马素萍,陈丹丹,张喜龙,等.新时代中文科技期刊的定位与发展策略——以《沉积学报》为例[J].编辑学报,2022,34(1):93—96.

[4] 罗重谱,莫远明.新时代学术期刊高质量发展的内涵与路径[J].出版广角,2021(6):53—56.

[5] 肖宏.论新时代科技期刊的质量要素和高质量发展[J]中国科技期刊研究,2020,31(10):1153—1163.

[6] 柳斌杰.开拓中国出版业高质量发展新时代[J].中国出版,2020(22):6—10.

[7] 李明敏,李世秋,范真真,等.独立作者约稿助力中文科技期刊高质量发展[J].编辑学报,2023,53(2):210—213.

[8] 李世秋,蔡斐,李明敏.聚焦一流学科,培育高质量中文科技期刊——以《航空学报》为例[J].出版广角,2022(22):64—69.

[9] 郝煜,贺富荣,张荣梅.新时代科技期刊高质量发展策略分析[J].中国报业,2023(8):40—41.

[10] 赵文青,宗明刚.以融合发展助推学术期刊高质量发展:内在逻辑与路径选择[J].中国编辑,2023(7):39—43,60.

[11] 孙艳.出版深度融合背景下学术期刊的高质量发展问题[J].中国编辑,2023(10):65—68.

[12] 钱锋,李军凯.以智库建设推动我国科技期刊高质量发展路径研究[J].出版参考,2023(11):34—37.

[13] 贾静宇.编辑视域下中文科技期刊高质量发展路径研究[J].学术出版与传播,

2022（1）：83－89.

[14] 刘志强，王婧，张芳英，等.新时代我国中文科技期刊高质量发展之路探析——基于2022年度中文科技期刊发展情况[J].科技与出版，2023（3）：58－66.

[15] 郭伟.以新发展理念引领我国科技期刊高质量发展——内涵特征、存在问题及实现路径[J].中国科技期刊研究，2023，34（4）：406－414.

[16] 王俊琳.基于一流学者与成果的高水平期刊量化遴选研究[D].太原：山西大学，2023.

[17] 邱均平，刘亚飞，魏开洋.科学交流视角下学术论文影响力多维评价[J].情报理论与实践，2023，46（6）：47－54.

[18] 李鹏，刘英虹，胡小宁."中国科技期刊卓越行动计划"背景下培育世界一流科技期刊的思考与启示[J].天津科技，2024，51（1）：62－65、69.

[19] 王继红，骆振福，李金齐，等.培育中国特色世界一流科技期刊的内涵与措施[J].中国科技期刊研究，2020，31（1）：4－9.

[20] 刘叶萍，付文绮，丁靖佳，等.5W传播模式下科技期刊传播力评价现状及模型构建研究[J].中国科技期刊研究，2023，34（4）：510－518.

[21] 郭奕冰.学术期刊传播力研究进展探析[J]. 南京航空航天大学学报（社会科学版），2022，24（2）：113－118.

[22] 吴祝华，刘明华，柳静怡，等. 我国科技期刊论文传播力评价体系构建：以江苏省高校农林医药期刊论文为例[J].中国科技期刊研究，2022，33（11）：1580－1586.

[23] 许新军.Z指数在期刊网络传播力评价中的应用研究[J].大学图书馆学报，2020，38（6）：111－117.

[24] 俞立平，庞如超，周娟美，学术期刊学术传播水平评价：期刊传播因子[J].信息资源管理学报，2021，11（4）：133－140.

[25] 中国科学技术协会.中国科技期刊传播力报告（2022）[M].北京：科学出版社，2022.

[26] 朱邦芬.高质量发展中国科技期刊是中国科技界和期刊界的使命——在"2020中国学术期刊未来论坛"的发言[J].编辑学报，2020，32（6）：591－592.

[27] 中国科协技术协会.中国科技期刊发展蓝皮书（2021）[M].北京：科学出版社，2021.

[28] 田雪莹，刘洪尊.我国科技期刊的运营现状分析及发展路径探析[J].今日科苑，2023（2）：84－91.

[29] 王治，霍春雁，刘培一.我国中文科技期刊单刊多元化运营模式探析[J].中国科技期刊研究，2022，33（9）：1239－1246.

[30] 张维，冷怀明，王治，等.国内重点科技期刊群集约化管理和运营模式研究[J].出版发行研究，2022（12）：52－57.

[31] 科学出版社.SciEngine：助力中国科技期刊走向国际[EB/OL].[2024－03－23].http://www.bjb.cas.cn/jcdt2016/201605/t20160516_4603002.html.

[32] 赵俊，邓履翔，郭征，等.科技期刊编辑的本质属性与角色定位[J].编辑学报，2023，35（2）：130－134.

[33] 孔文静.媒体融合时代高校学报复合型编辑人才队伍建设路径探析[J].传播与版权，2024（5）：7－10.

[34] 周江川.建设世界一流科技期刊亟需职业化编辑[J].科技与出版，2019（6）：150－152.

[35] 管琴.编辑学者化路径再思考[J].科技与出版，2024（2）：94－100.

[36] 谷德润."编辑学者化"还是"学者编辑化"[J].编辑学报，2008（5）：458－460.

[37] 郭毅，于翠玲.国外媒体融合及其相关概念研究[J].现代出版，2013（6）：162－163.

[38] 刘结玲.媒体融合研究新进展综述[J].中国传媒科技，2013（4）：1－2.

[39] 关于加快我国数字出版产业发展的若干意见[EB/OL].[2024－03－24]https://www.gov.cn/gongbao/content/2011/content_1778072.htm.

[40] 刘冰，游苏宁.我国科技期刊应尽快实现基于结构化排版的生产流程再造[J].编辑学报，2010，22（3）：262－266.

[41] 蒋晓，谢暄，叶芳，等.基于XML的科技期刊一体化数字出版流程[J].传播与版权，2018（1）：104－107.

[42] 赵琳，孟瑶，葛浩楠.科技期刊数字出版平台SciOpen功能实践研究[J].中国科技期刊研究，2023，34（12）：1608－1615.

[43] 周平，党顺行，郭茜，等.中国科技期刊中英双语出版状况调查与分析[J].中国科技期刊研究，2019（4）：432—439.

[44] 芮海田，张伟伟，赵文义.中文学术期刊双语出版的发展困境与解决路径[J].中国科技期刊研究，2018（10）：971—976.

[45] 田莹，肖宏，韩燕丽，等.利用数字出版技术促进学术期刊发展——以"中文期刊外文版数字出版工程"JTP数据库为例[J].科技与出版，2017（3）：78—81.

[46] 中国科学技术协会.中国科技期刊发展蓝皮书（2020）[M].北京：科学出版社，2020.

[47] Ramachandran R, Maskey M, Kulkarni A, et al. Talkoot: Software tool to create collaboratories for earth science[J]. *Earth Science Informatics*，2012，5（1）：33—41.

[48] 赵昆华，刘细文，龙艺璇，等.从开放获取到开放科学：科研资助机构的理念与实践[J].中国科学基金，2021，35（5）：844—854.

[49] 钱俊龙，熊樱菲，潘小伦，等.国际化——学术期刊必走之路[J].中国科技期刊研究，2002，14（Z1）：749—753.

[50] 周治兴.科技期刊的标准化与国际化[J].科技情报工作，1989（3）：13.

[51] 中华人民共和国国家新闻出版广电总局.新闻出版业"十一五"发展规划[EB/OL].[2007—11—22]. http://www.gapp.gov.cn/news/2065/115776.shtml.

[52] 黄河清，韩健，张鲸惊.从《中国学术期刊国际引证年报》数据看我国科技期刊国际影响力现状[J].中国药学：英文版，2015（3）：200—204.

[53] 中国科学技术协会.中国科技期刊传播力报告（2022）[M].北京：科学出版社，2022.

[54] 江津.国际化背景下中文科技期刊的社会认同[J].科技传播，2020（5）：63—65.

[55] 刘雪立，郭佳.中文科技期刊评价：现状·问题·建议[J].编辑学报，2020，32（1）：5—9.

[56] 王晴，王跃.所有的中国科技期刊都要国际化吗[J].编辑学报，2005（6）：458—459.

[57] 中国科学技术协会.中国科技期刊发展蓝皮书（2017）[M].北京：科学出版社，2017.

[58] 李建忠.科技期刊集群化发展研究[J].西南民族大学学报（自然科学版），2015，41（6）：788－792.

[59] 柳建乔.科技期刊产业化初探[J].编辑学报，2000，12（1）：4－6.

[60] 王维，黄延红，任胜利.国际出版机构期刊集群化发展及启示[J].中国科技期刊研究，2021，32（5）：596－600.

[61] 中国科学技术协会.典型国际出版机构期刊运营模式研究[M].北京：科学出版社，2019.

[62] 余静.基于CiteSpace的国内期刊集群化研究的回溯和展望[J].出版广角，2023，（11）：73－80.

[63] 罗英姣，朱民，李海洋，等.中华医学会医学期刊集群化发展的模式分析[J].出版与印刷，2016（3）：27－31.

[64] 魏均民.加强医学期刊集群化平台化建设的实践与思考[J].传媒，2023（23）：20－22.

[65] 肖铮，张准，韩英昆，等.国内外典型科技期刊出版集团国际化发展对比研究——以Springer和科学出版社为例[J].中国科技期刊研究，2023，34（7）：927－934.

[66] 何卓铭，杨悦，张雁，等.中文科技期刊集群化办刊模式的探索与实践——以中国激光杂志社为例[J].中国科技期刊研究，2022，33（11）：1462－1469.

[67] 郑建芬，刘徽，王维杰，等.科技期刊集群化发展探讨——基于“卓越计划”集群化实践[J].编辑学报，2021，33（4）：407－411.

[68] 姜春明.“双一流”建设高校学术期刊集约化管理现状分析与思考[J].科技与出版，2021（6）：46－50.

[69] 刘俊，张昕，颜帅.大学出版社学术期刊集群化运营模式研究——以清华大学出版社期刊中心为例[J].编辑学报，2016，28（6）：561－565.

[70] 秦钠.期刊集群化建设行与思——以上海大学期刊社集群化建设实践为例[J].传媒，2023，（23）：25－27.

[71] 顾青.学术期刊集群化建设与国际化发展[J].编辑学刊，2024（1）：67－73.

[72] 李玉敏，王忠明，高发全，等.林业期刊集群平台：中国林业期刊网一期建设探索与实践[J].科技与出版，2018（8）：103—106.

[73] 朱拴成.科技期刊集群化服务平台融合出版探索实践——以中国煤炭期刊网为例[J].编辑学报，2019，31（2）：209—211.

[74] 毕永华，朱拴成，代艳玲，等.煤炭领域精品科技期刊刊群建设探索实践[J].编辑学报，2023，35（2）：179—182

[75] 段宗奇，何书金.中国地理资源期刊集群平台期刊特约专栏实施成效分析与启示[J].中国科技期刊研究，2021，32（7）：889—894.

[76] 吕晓梅，刘迎春，杨爱东，等.我国农业期刊集群化发展实践及其创新模式思考[J].中国科技期刊研究，2023，34（6）：700—707.

[77] 亢列梅，赵大良.实施中国科技期刊卓越计划应处理好的几个关系[J].编辑学报，2021，33（3）：243.

[78] 秦明阳，王超，邓履翔，等.中国特色科技期刊评价体系的特征、探索与建议[J].编辑学报，2023，35（6）：598—604.

图书在版编目（CIP）数据

中文科技期刊高质量发展研究 / 赵俊著. -- 杭州：
浙江大学出版社，2024. 6. -- ISBN 978-7-308-25090-0

Ⅰ. G237.5

中国国家版本馆CIP数据核字第2024TU7343号

中文科技期刊高质量发展研究

赵　俊　著

责任编辑	宋旭华
责任校对	胡　畔
封面设计	周　灵
出版发行	浙江大学出版社
	（杭州市天目山路148号　　邮政编码 310007）
	（网址：http://www.zjupress.com）
排　　版	杭州林智广告有限公司
印　　刷	广东虎彩云印刷有限公司绍兴分公司
开　　本	880mm×1230mm　1/32
印　　张	6.125
字　　数	140千
版 印 次	2024年6月第1版　2024年6月第1次印刷
书　　号	ISBN 978-7-308-25090-0
定　　价	68.00元